초등영어 읽기독립

사이트워드

Sight Word

2 단계

재능많은
영어연구소
지음

초등영어 읽기독립 2단계
"30일만 따라 하면 술술 문장이 읽혀요!"

사이트 워드 구성

읽기에 꼭 필요한 초등 교과서에 나오는 사이트 워드 학습

아이들이 파닉스를 학습할 때 알파벳의 자음과 모음을 배우는 것만으로는 문장 단위의 글을 읽는 데 어려움을 느낍니다. 그 이유는 문장에는 파닉스 규칙을 따르지 않는 단어들이 등장하기 때문입니다.

예를 들어 a, the, go 등은 파닉스 규칙을 따르지 않는 단어들이지만 아이들이 읽는 영어책에는 50~70%를 차지할 만큼 빈번히 사용되고 있어요. 아이들이 그 단어들을 보는 즉시 읽을 수 있어야 유창한 영어 읽기가 가능합니다. 이러한 단어를 sight word(사이트 워드)라고 합니다. 이 책은 초등 교과서에 나오는 120개의 사이트 워드를 중심으로 구성되어 있습니다.

2 하루 4개의 사이트 워드로 6개의 문장을 읽고 쓰기

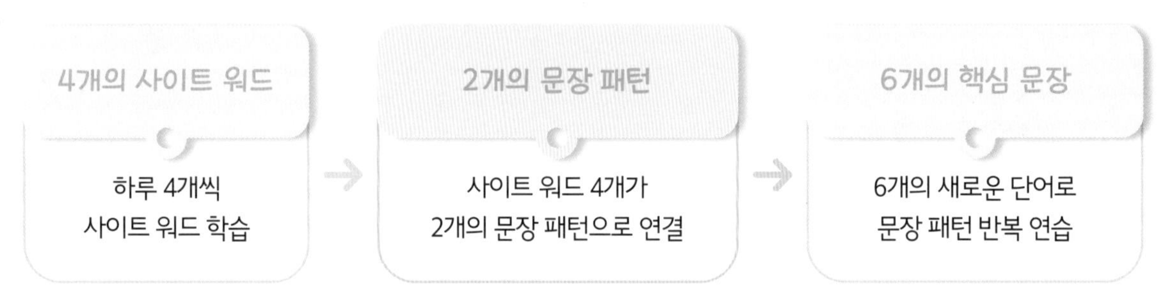

하루에 4개의 사이트 워드와 2개의 문장 패턴을 듣고 따라 쓰면서 6개의 새로운 단어로 이루어진 문장을 학습할 수 있습니다. 아이들이 반복되는 문장 패턴 속에서 새 단어와 문장을 익힘으로써 쉽게 글을 읽을 수 있습니다.

이 책에서 다루는 60가지 문장 패턴은 모두 초등 3, 4학년 교과서에 수록된 것으로, 초등 필수 단어와 연계하여 180개의 문장을 유창하게 읽을 수 있도록 합니다.

3 매일매일 읽기 독립! 자연스럽게 이루어지는 학습 계획

부담 없는 하루 학습량과 목표에 맞는 학습 계획으로 읽기의 성장을 바로바로 확인할 수 있어요.

Day	Sight Words				Sentences	
1	I	am	have	a	I am Mia.	I have a dog.
2	this	is	it	can	This is a bird.	It can sing.
3	he	my	his	new	He is my dad.	It is his new pencil.
4	you	are	do	like	You are my friend.	Do you like books?
5	want	some	no	full	Do you want some pizza?	No, I'm full.
6	has	two	they	very	She has two dolls.	They are very long.
7	we	play	come	to	We can play soccer.	Come to my party.
8	in	your	what	the	It is in your box.	What is in the bag?
9	look	at	must	them	Look at the stars.	I must wash them.
10	she	now	love	her	She is sad now.	I love her smile.
11	too	small	not	big	It is too small.	The cow is not big.
12	make	with	open	please	I make breakfast with her.	Open the door, please.
13	help	me	cut	red	Help me, please.	Cut the red tape.
14	don't	here	walk	said	Don't shout here.	"Walk slowly," he said.
15	where	blue	was	under	Where is your blue cap?	He was under the chair.
16	time	for	let's	go	It's time for school.	Let's go camping.
17	write	our	does	stop	I write our names.	Does the bus stop here?
18	will	ride	again	soon	We will ride boats.	We will meet again soon.
19	who	that	all	from	Who is that boy?	They are all from Korea.
20	can't	find	when	did	I can't find my key.	When did you cook it?
21	so	outside	put	on	It is so cold outside.	Put on your coat.
22	get	little	show	first	Can I get a little help?	Show your photo, first.
23	see	its	fly	but	I see its eyes.	She can't fly, but she can swim.
24	only	live	yellow	and	They only live in the river.	Its colors are yellow and black.
25	eat	after	up	down	You can eat after class.	We go up and down.
26	there	by	thank	much	I go there by car.	Thank you so much for your letter.
27	take	warm	or	out	Take your warm socks.	Is it sunny or cloudy out there?
28	how	many	which	best	How many robots?	Which season do you like best?
29	may	use	think	ate	May I use your pen?	I think he ate ice cream.
30	pick	fall	went	around	I pick appples in fall.	She went around the park.

초등영어 읽기독립 2단계

사이트 워드 특징

1 사이트 워드 및 단어 미리 보기

이 책은 120개의 사이트 워드와 180개의 초등 단어로 구성되어 있어요. 사이트 워드 외에 챕터별로 학습하게 될 초등 기초 단어들을 미리 살펴보세요. 그리고 하루하루 공부한 날짜를 기록하고 스스로를 칭찬하며 예쁜 별을 색칠해 보세요.

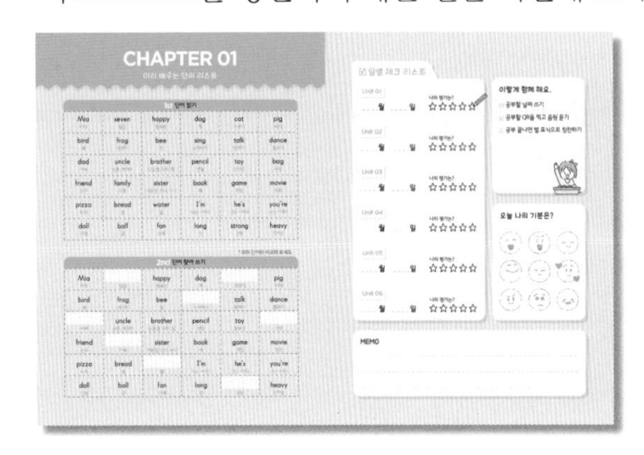

사이트 워드 익히기

오늘 공부할 4개의 사이트 워드를 따라 쓰고,
골라 보고, 빈 칸을 채우며 익숙하게 합니다.

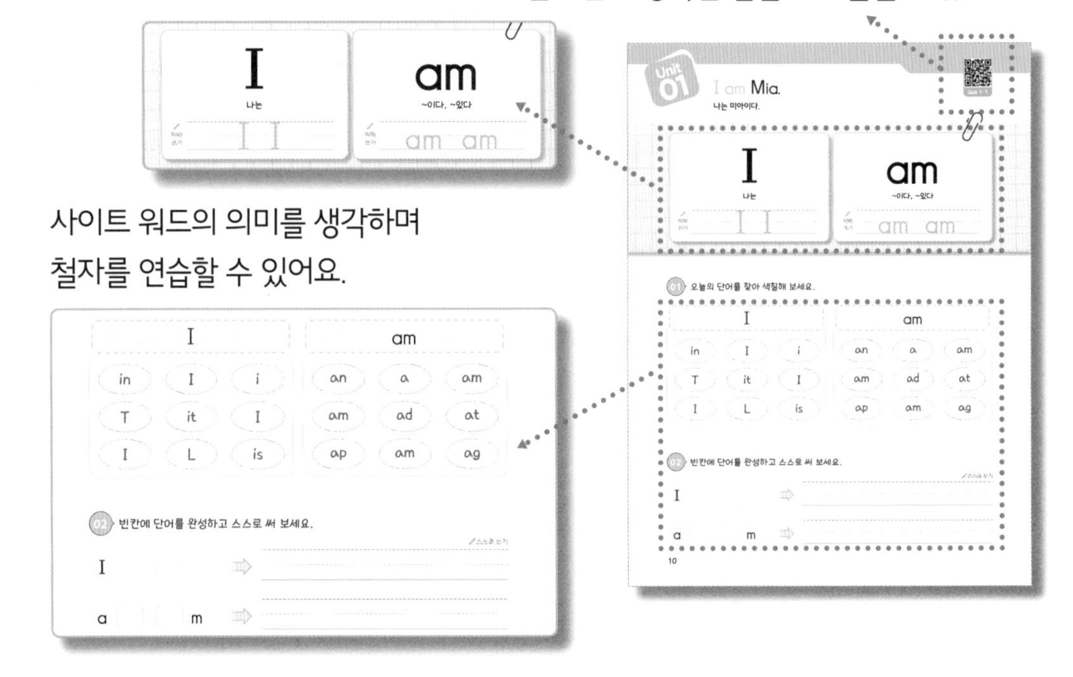

문장 속에서 연습하기

앞서 익힌 4개의 사이트 워드를 초등 교과서 수록 문장으로 만나 보세요. 단어를 바꿔 가며 문장 패턴을 반복 학습하다 보면 문장 읽기에 자신감이 생겨요.

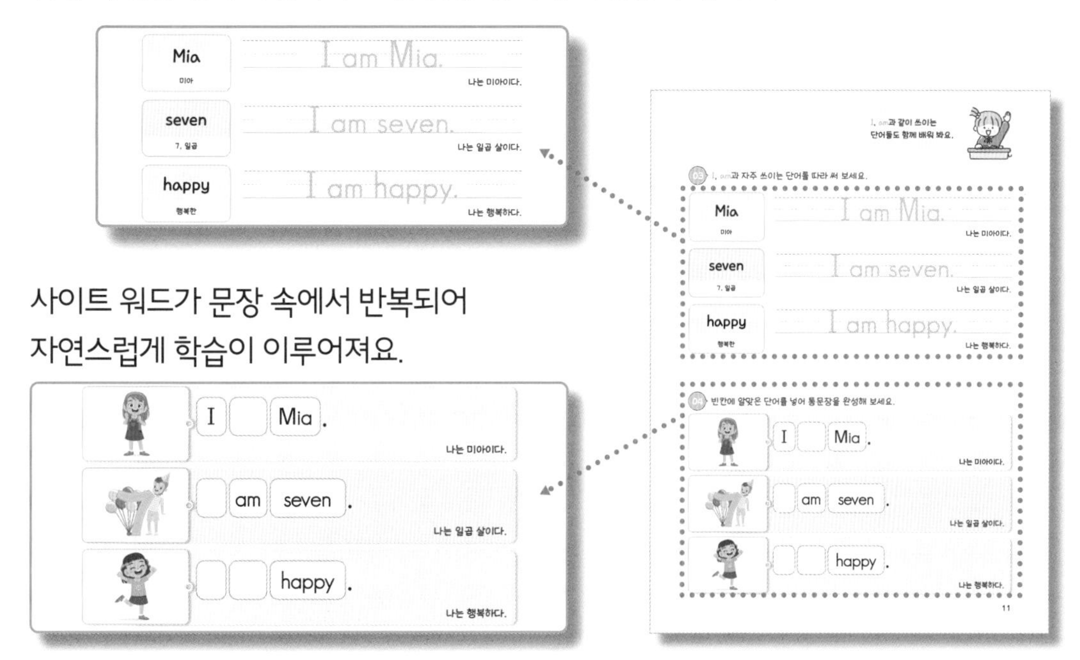

사이트 워드가 문장 속에서 반복되어
자연스럽게 학습이 이루어져요.

리뷰 - 누적 반복 훈련

이틀 동안 공부한 8개의 사이트 워드와 12개 단어를 4개의 문장 패턴으로 반복적으로 연습하여 문장을 빠르고 정확하게 읽어 보세요.

1단계 파닉스 1, 2

40일만 따라 하면 단어가 읽힌다.

2단계 사이트 워드

30일만 따라 하면 문장이 읽힌다.

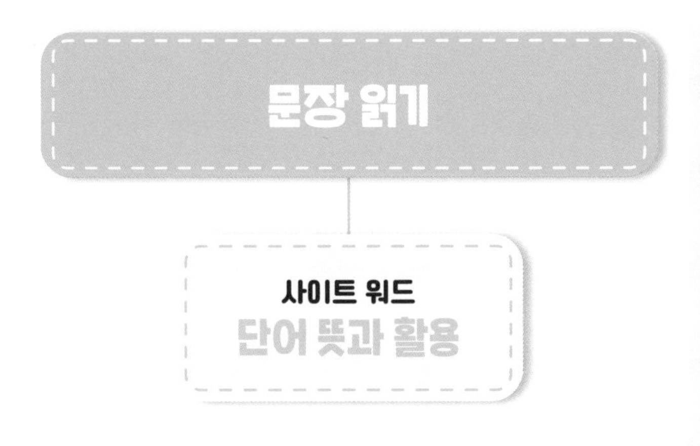

2단계 사이트 워드로 문장 읽기!

사이트 워드로 문장 읽기!

사이트 워드 120개, 초등 필수 문장 180개 학습

3단계 리딩 스타터 1, 2

28일만 따라 하면 긴 글이 읽힌다.

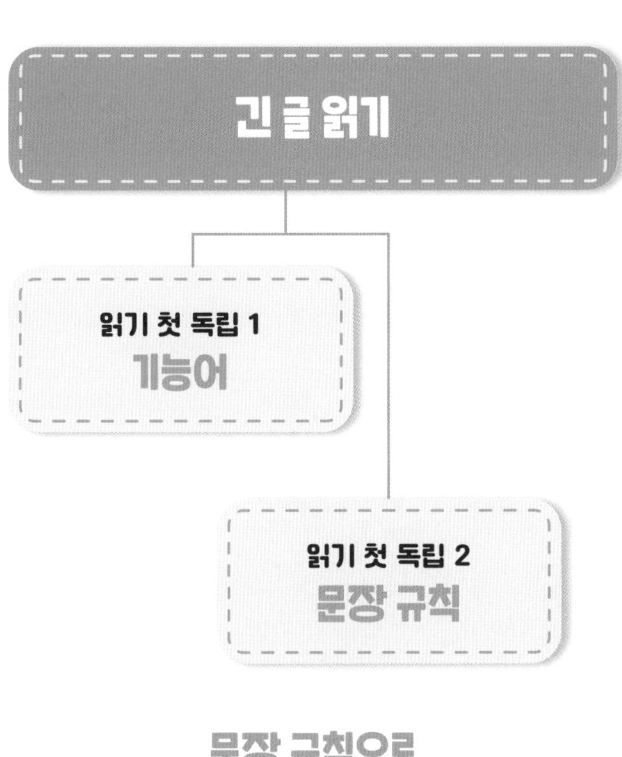

3단계 기능어로 첫 읽기 도전!

3단계 문장 규칙으로 첫 읽기 도전!

문장 규칙으로 혼자 읽기까지!

초등 3, 4학년 필수 영단어와 문장 규칙 학습

CHAPTER 01

미리 배우는 단어 리스트

1st 단어 읽기

Mia 미아	seven 일곱	happy 행복한	dog 개	cat 고양이	pig 돼지
bird 새	frog 개구리	bee 벌	sing 노래하다	talk 말하다	dance 춤추다
dad 아빠	uncle 삼촌, 아저씨	brother 남동생, 오빠, 형	pencil 연필	toy 장난감	bag 가방
friend 친구	family 가족	sister 여동생, 언니, 누나	book 책	game 게임	movie 영화
pizza 피자	bread 빵	water 물	I'm 나는 ~이다	he's 그는 ~이다	you're 너는 ~이다
doll 인형	ball 공	fan 부채	long 긴	strong 강한	heavy 무거운

* 위의 단어와 비교해 보세요.

2nd 단어 찾아 쓰기

Mia 미아	일곱	happy 행복한	dog 개	고양이	pig 돼지
bird 새	frog 개구리	bee 벌	노래하다	talk 말하다	dance 춤추다
아빠	uncle 삼촌, 아저씨	brother 남동생, 오빠, 형	pencil 연필	toy 장난감	가방
friend 친구	가족	sister 여동생, 언니, 누나	book 책	game 게임	movie 영화
pizza 피자	bread 빵	물	I'm 나는 ~이다	he's 그는 ~이다	you're 너는 ~이다
doll 인형	ball 공	fan 부채	long 긴	강한	heavy 무거운

☑ 일별 체크리스트

Unit 01

____월 ____일

나의 평가는?
☆☆☆☆☆

Unit 02

____월 ____일

나의 평가는?
☆☆☆☆☆

Unit 03

____월 ____일

나의 평가는?
☆☆☆☆☆

Unit 04

____월 ____일

나의 평가는?
☆☆☆☆☆

Unit 05

____월 ____일

나의 평가는?
☆☆☆☆☆

Unit 06

____월 ____일

나의 평가는?
☆☆☆☆☆

이렇게 함께 해요.

☑ 공부할 날짜 쓰기

☑ 공부할 QR을 찍고 음원 듣기

☑ 공부가 끝나면 내가 칠한 별 개수로 칭찬하기

오늘 나의 기분은?

MEMO

I am Mia.

나는 미아이다.

01 오늘의 단어를 찾아 색칠해 보세요.

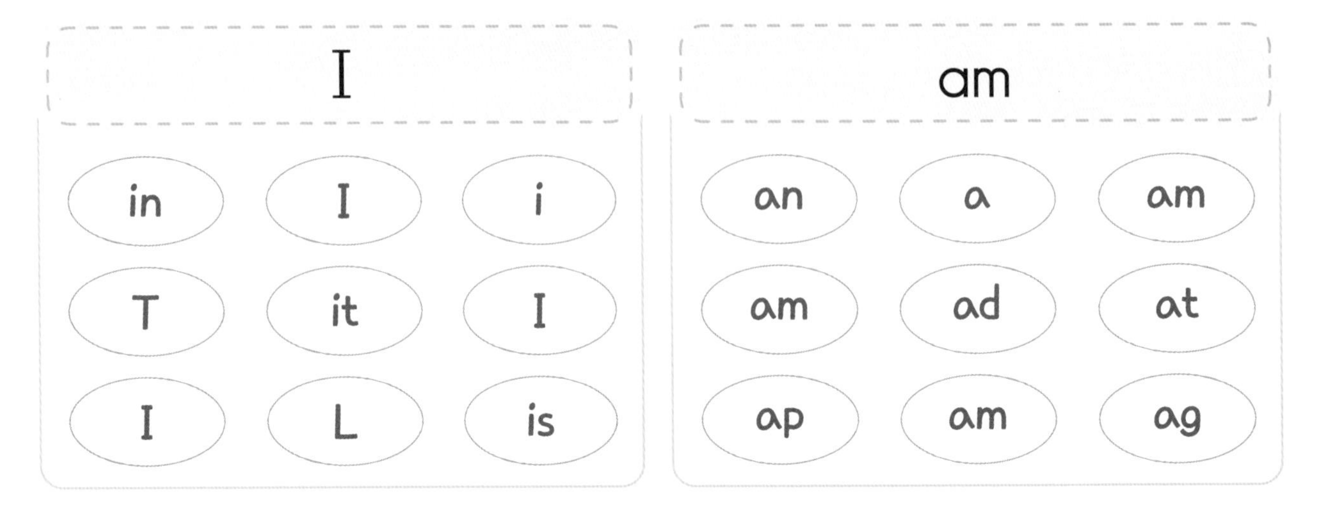

02 빈칸에 단어를 완성하고 스스로 써 보세요.

스스로 쓰기

I ☐ →

a ☐ ☐ m →

I, am과 같이 쓰이는
단어들도 함께 배워 봐요.

03 I, am과 자주 쓰이는 단어를 따라 써 보세요.

Mia 미아	I am Mia. 나는 미아이다.
seven 7, 일곱	I am seven. 나는 일곱 살이다.
happy 행복한	I am happy. 나는 행복하다.

04 빈칸에 알맞은 단어를 넣어 통문장을 완성해 보세요.

I ☐ Mia.
나는 미아이다.

☐ am seven.
나는 일곱 살이다.

☐ ☐ happy.
나는 행복하다.

I have a dog.

나는 개 한 마리를 가지고 있다.

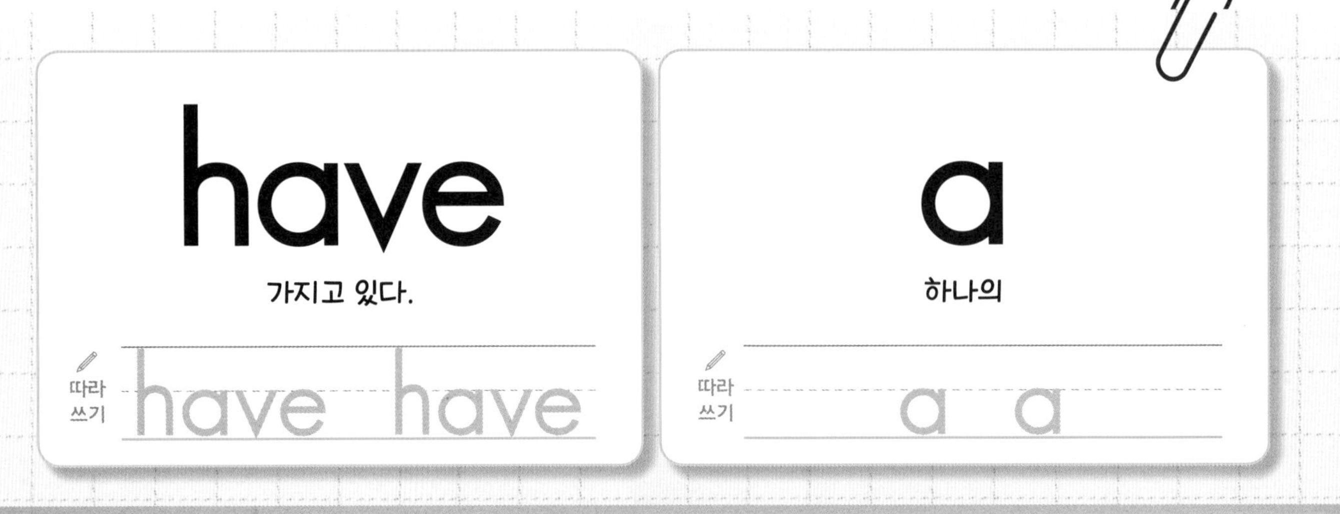

01 오늘의 단어를 찾아 색칠해 보세요.

have		
has	have	had
home	ham	here
have	hive	have

a		
an	a	am
a	ad	at
ap	am	a

02 빈칸에 단어를 완성하고 스스로 써 보세요.

스스로 쓰기

h ☐ v ☐ → ☐ a ☐ e →

a →

☐ →

have, a와 같이 쓰이는
단어들도 함께 배워 봐요.

03 have, a와 자주 쓰이는 단어를 따라 써 보세요.

dog 개	I have a dog. 나는 개 한 마리를 가지고 있다.
cat 고양이	I have a cat. 나는 고양이 한 마리를 가지고 있다.
pig 돼지	I have a pig. 나는 돼지 한 마리를 가지고 있다.

04 빈칸에 알맞은 단어를 넣어 통문장을 완성해 보세요.

This is a bird.

이것은 새다.

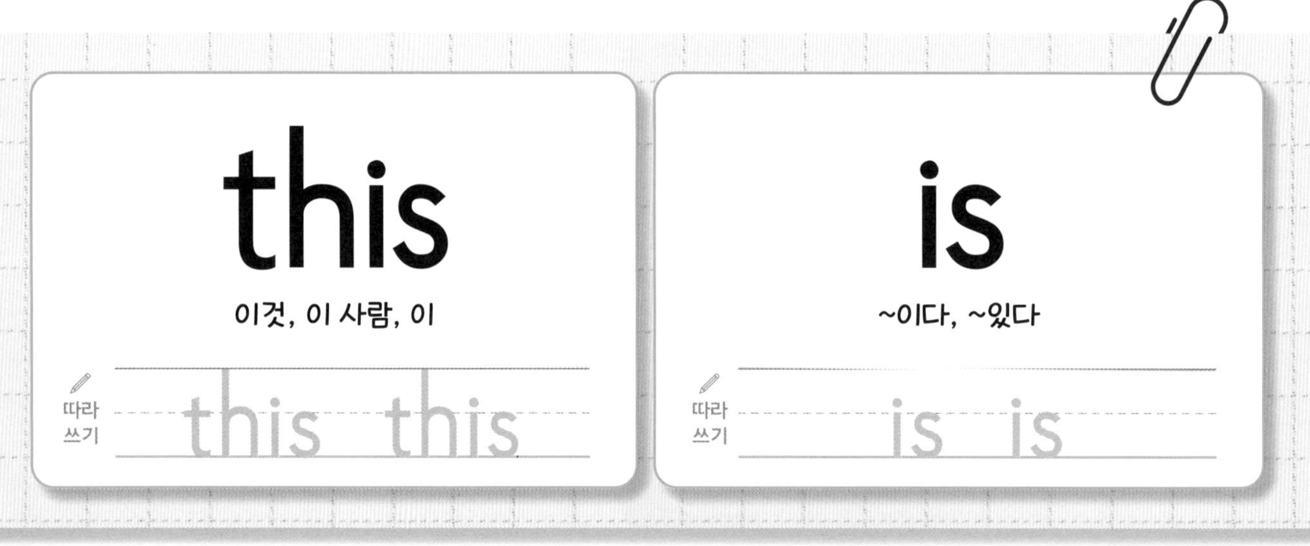

01 오늘의 단어를 찾아 색칠해 보세요.

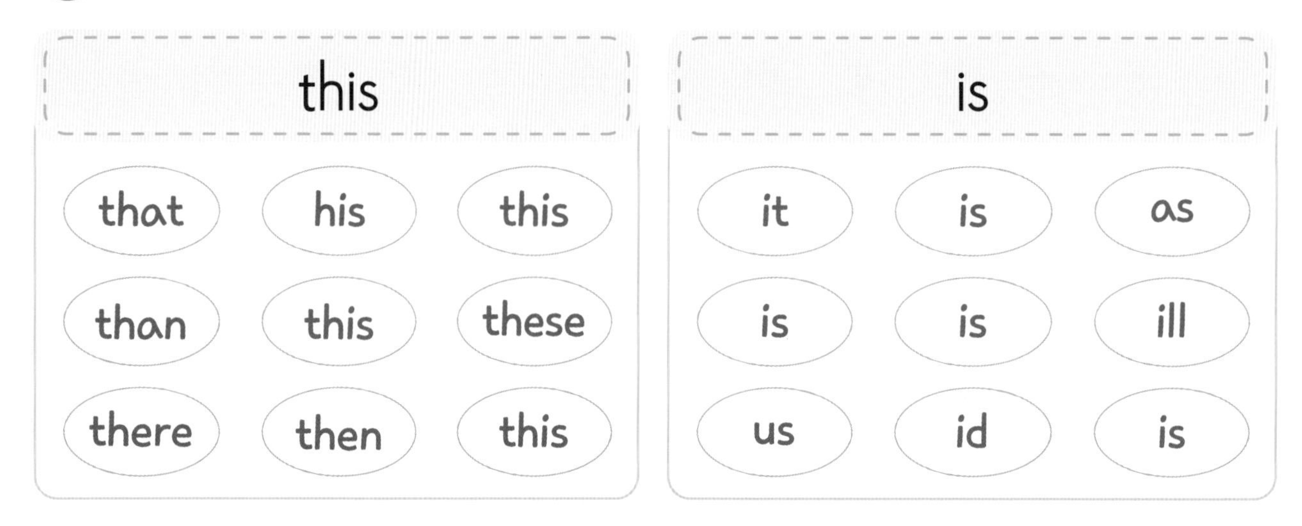

02 빈칸에 단어를 완성하고 스스로 써 보세요.

스스로 쓰기

t ☐ i ☐ →

☐ h ☐ s →

i ☐ →

☐ s →

this, is와 같이 쓰이는
단어들도 함께 배워 봐요.

03 this, is와 자주 쓰이는 단어를 따라 써 보세요.

bird
새

This is a bird.
이것은 새다.

frog
개구리

This is a frog.
이것은 개구리다.

bee
벌

This is a bee.
이것은 벌이다.

04 빈칸에 알맞은 단어를 넣어 통문장을 완성해 보세요.

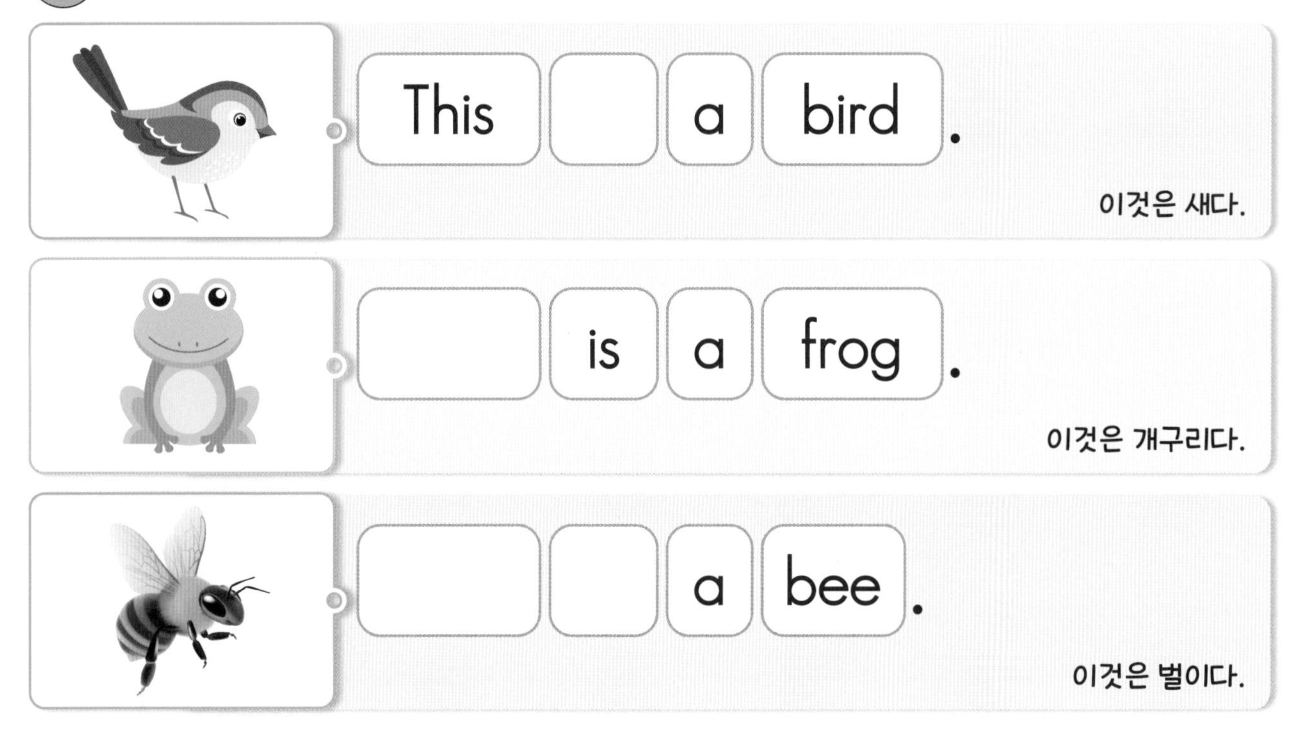

It can sing.

그것은 노래할 수 있다.

01 오늘의 단어를 찾아 색칠해 보세요.

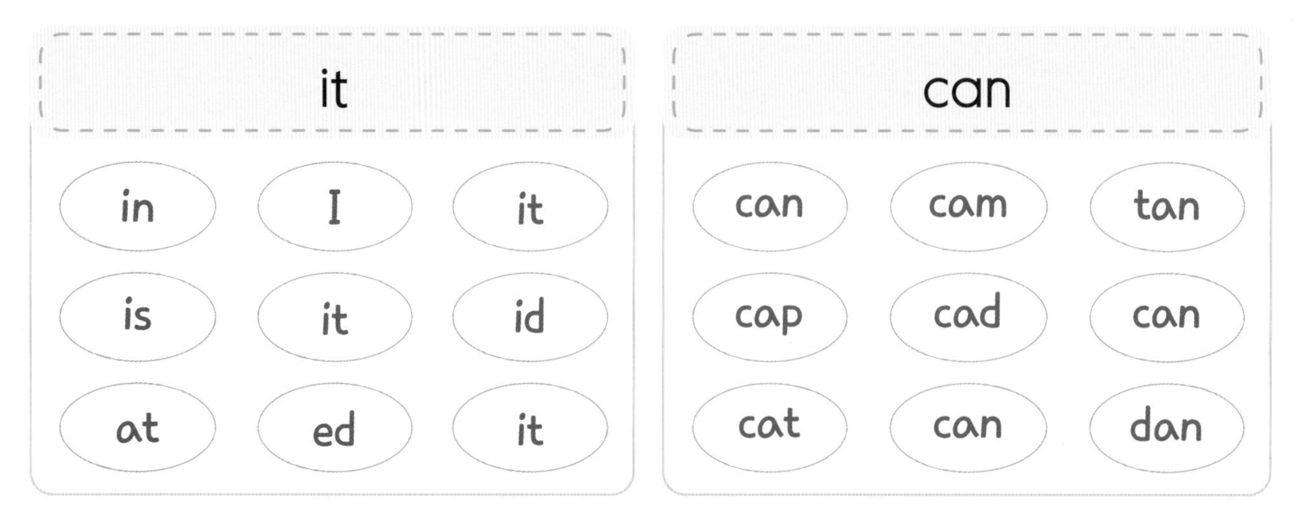

02 빈칸에 단어를 완성하고 스스로 써 보세요.

스스로 쓰기

i ☐ ☐ t ⇒

c ☐ n ☐ a ☐ ⇒

it, can과 같이 쓰이는
단어들도 함께 배워 봐요.

03 it, can과 자주 쓰이는 단어를 따라 써 보세요.

sing 노래하다	It can sing.	그것은 노래할 수 있다.
talk 말하다	It can talk.	그것은 말할 수 있다.
dance 춤추다	It can dance.	그것은 춤출 수 있다.

04 빈칸에 알맞은 단어를 넣어 통문장을 완성해 보세요.

It [ ] sing.

그것은 노래할 수 있다.

[ ] can talk.

그것은 말할 수 있다.

[ ] [ ] dance.

그것은 춤출 수 있다.

통문장 연습하기 _ Unit 1 & 2

다음 통문장을 큰소리로 읽으면서 써 보세요.

01

I am Mia.

나는 미아이다.

⇒ I am Mia.

seven

나는 일곱 살이다.

⇒ I am .

happy

나는 행복하다.

⇒

02

I have a dog.

나는 개 한 마리를 가지고 있다.

⇒ I have a dog.

cat

나는 고양이 한 마리를 가지고 있다.

⇒ I have a .

pig

나는 돼지 한 마리를 가지고 있다.

⇒

03 This is a bird.

이것은 새다.

⇒ This is a bird.

frog

이것은 개구리다.

⇒ This is a ______.

bee

이것은 벌이다.

⇒

04 It can sing.

그것은 노래할 수 있다.

⇒ It can sing.

talk

그것은 말할 수 있다.

⇒ It can ______.

dance

그것은 춤출 수 있다.

⇒

He is my dad.

그는 나의 아빠이다.

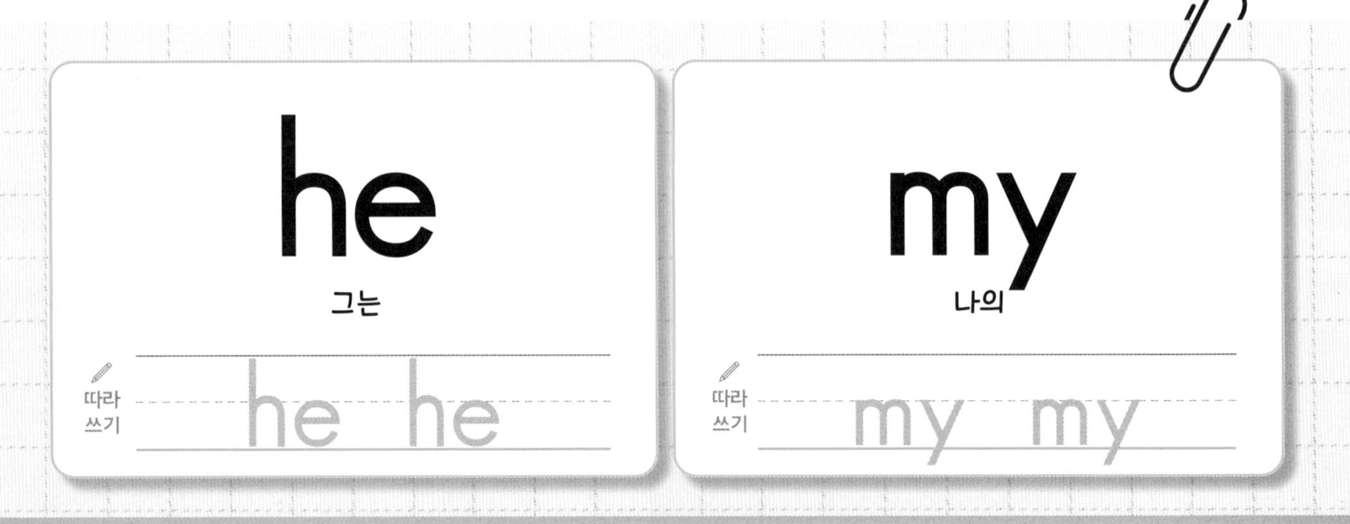

01 오늘의 단어를 찾아 색칠해 보세요.

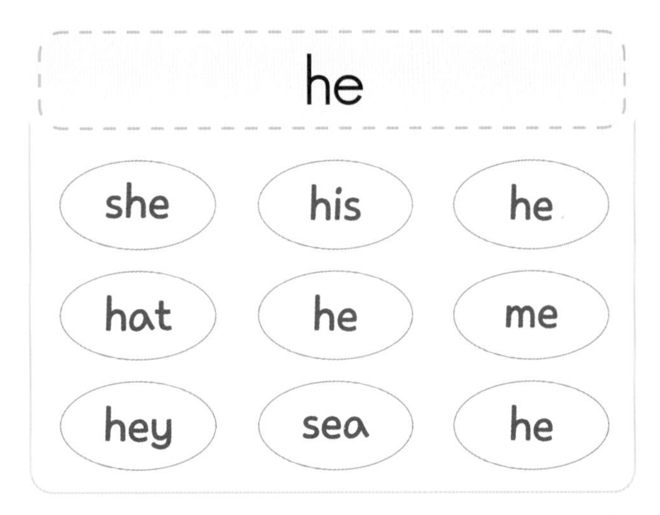

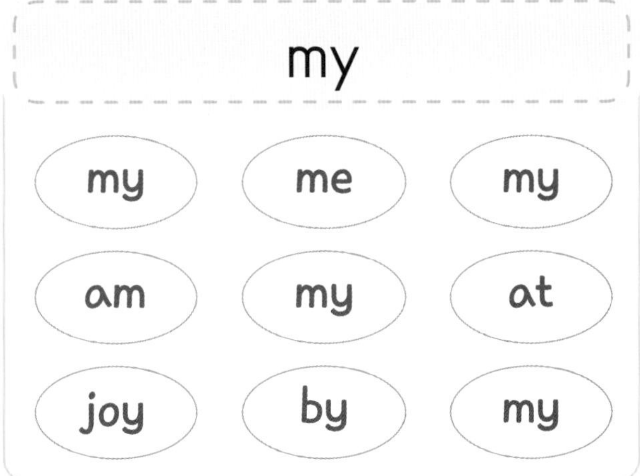

02 빈칸에 단어를 완성하고 스스로 써 보세요.

스스로 쓰기

h ☐ ☐ e →

m ☐ ☐ y →

he, my와 같이 쓰이는
단어들도 함께 배워 봐요.

03 he, my와 자주 쓰이는 단어를 따라 써 보세요.

dad
아빠

He is my dad.
그는 나의 아빠이다.

uncle
삼촌, 아저씨

He is my uncle.
그는 나의 삼촌이다.

brother
남동생, 오빠, 형

He is my brother.
그는 나의 남동생이다.

04 빈칸에 알맞은 단어를 넣어 통문장을 완성해 보세요.

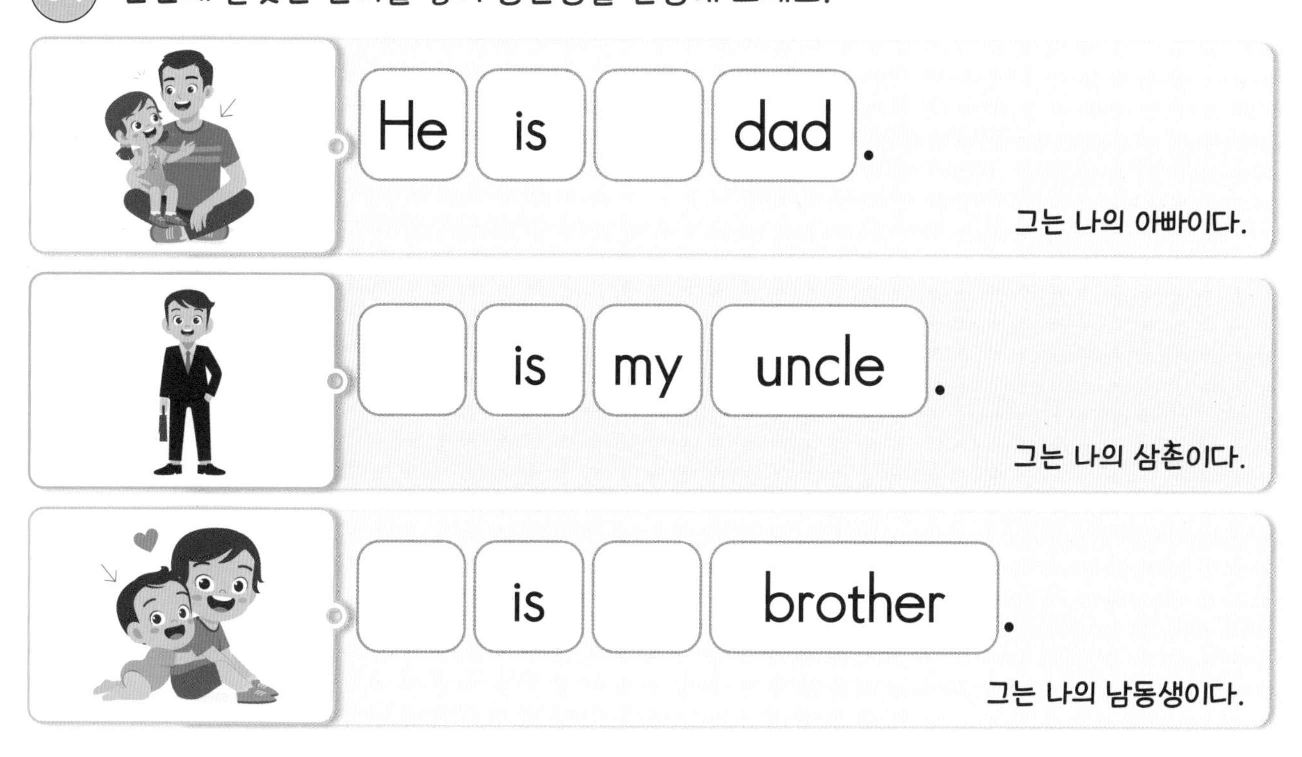

He is ___ dad.
그는 나의 아빠이다.

___ is my uncle.
그는 나의 삼촌이다.

___ is ___ brother.
그는 나의 남동생이다.

그것은 그의 새 연필이다.

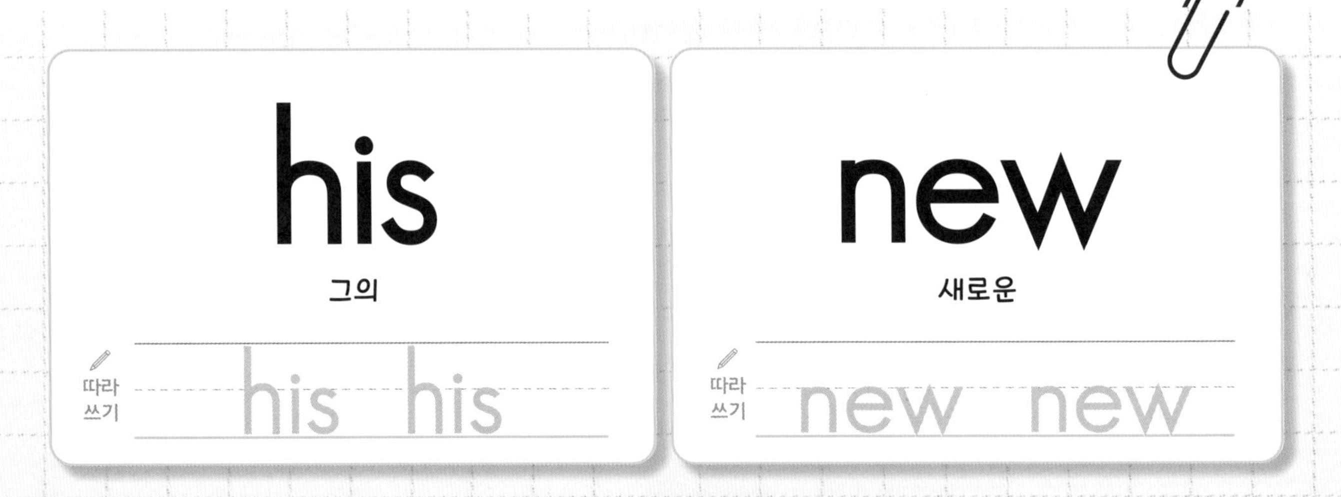

01 오늘의 단어를 찾아 색칠해 보세요.

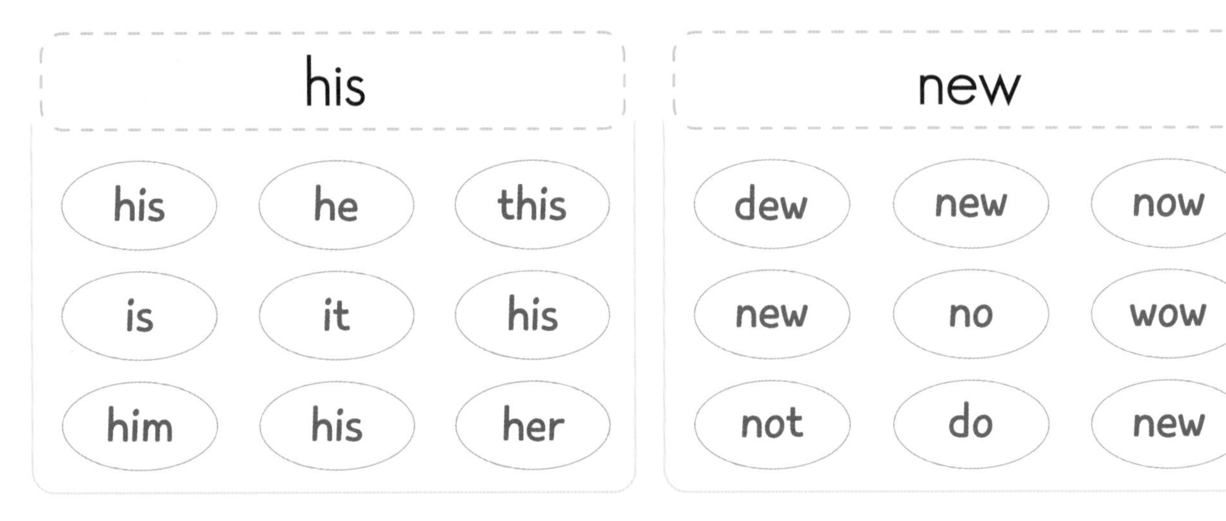

02 빈칸에 단어를 완성하고 스스로 써 보세요.

스스로 쓰기

h ☐ s ☐ i ☐ →

n ☐ w ☐ e ☐ →

his, new와 같이 쓰이는
단어들도 함께 배워 봐요.

03 his, new와 자주 쓰이는 단어를 따라 써 보세요.

pencil 연필	It is his new pencil. 그것은 그의 새 연필이다.
toy 장난감	It is his new toy. 그것은 그의 새 장난감이다.
bag 가방	It is his new bag. 그것은 그의 새 가방이다.

04 빈칸에 알맞은 단어를 넣어 통문장을 완성해 보세요.

It is his ______ pencil.
그것은 그의 새 연필이다.

It is ______ new toy.
그것은 그의 새 장남감이다.

It is ______ ______ bag.
그것은 그의 새 가방이다.

You are my friend.

너는 나의 친구이다.

01 오늘의 단어를 찾아 색칠해 보세요.

you		
use	you	yes
you	yey	they
out	my	you

are		
are	an	am
red	are	here
and	ate	are

02 빈칸에 단어를 완성하고 스스로 써 보세요.

스스로 쓰기

y o ☐ ☐ ☐ u ⇨

a ☐ e ☐ r ☐ ⇨

you, are와 같이 쓰이는
단어들도 함께 배워 봐요.

03 you, are와 자주 쓰이는 단어를 따라 써 보세요.

friend 친구	You are my friend.	너는 나의 친구이다.
family 가족	You are my family.	너는 나의 가족이다.
sister 여동생, 누나, 언니	You are my sister.	너는 나의 여동생이다.

04 빈칸에 알맞은 단어를 넣어 통문장을 완성해 보세요.

You ＿＿ my friend.
너는 나의 친구이다.

＿＿ are my family.
너는 나의 가족이다.

＿＿ ＿＿ my sister.
너는 나의 여동생이다.

Do you like books?

너는 책들을 좋아하니?

01 오늘의 단어를 찾아 색칠해 보세요.

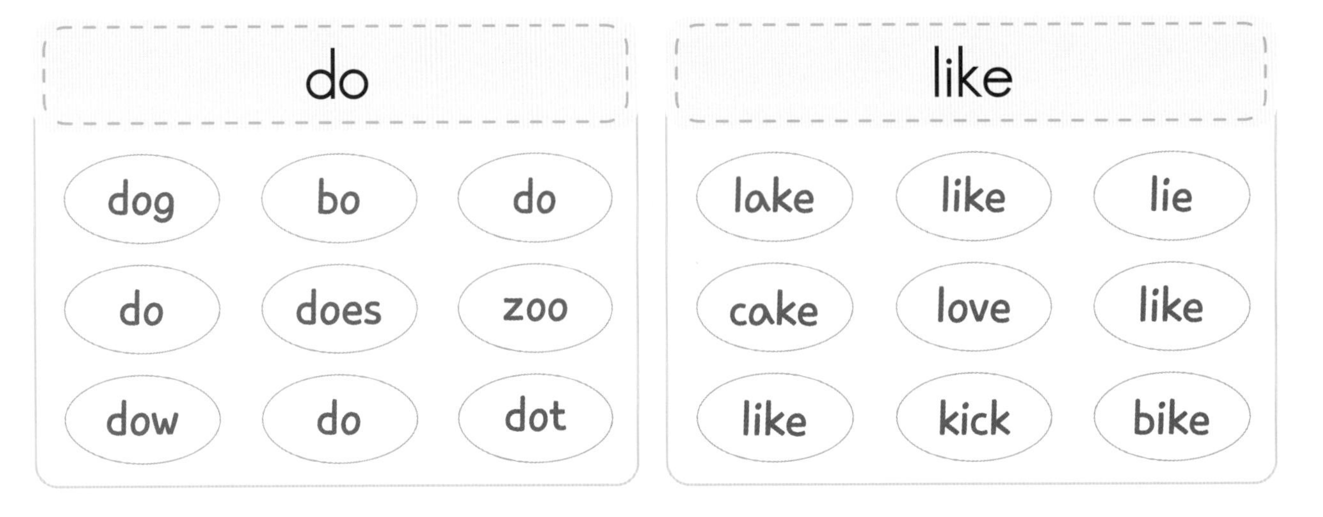

02 빈칸에 단어를 완성하고 스스로 써 보세요.

스스로 쓰기

d ☐ ☐ o →

l ☐ k ☐ ☐ i ☐ e →

do, like와 같이 쓰이는
단어들도 함께 배워 봐요.

03 do, like와 자주 쓰이는 단어를 따라 써 보세요.

book 책	Do you like books? 너는 책들을 좋아하니?
game 게임	Do you like games? 너는 게임들을 좋아하니?
movie 영화	Do you like movies? 너는 영화들을 좋아하니?

04 빈칸에 알맞은 단어를 넣어 통문장을 완성해 보세요.

Do you ______ books?
너는 책들을 좋아하니?

______ you like games?
너는 게임들을 좋아하니?

______ you ______ movies?
너는 영화들을 좋아하니?

통문장 연습하기 _ Unit 3 & 4

다음 통문장을 큰소리로 읽으면서 써 보세요.

01

He is my dad.

그는 나의 아빠이다.

⇒ He is my dad.

uncle 그는 나의 삼촌이다.

⇒ He is my ________ .

brother 그는 나의 남동생이다.

⇒

02

It is his new pencil.

그것은 그의 새 연필이다.

⇒ It is his new pencil.

toy 그것은 그의 새 장난감이다.

⇒ It is his new ________ .

bag 그것은 그의 새 가방이다.

⇒

03 You are my friend.

너는 나의 친구이다.

⇒ You are my friend.

family

너는 나의 가족이다.

⇒ You are my .

sister

너는 나의 여동생이다.

⇒

04 Do you like books?

너는 책들을 좋아하니?

⇒ Do you like books?

game

너는 게임들을 좋아하니?

⇒ Do you like ?

movie

너는 영화들을 좋아하니?

⇒

Do you want some pizza?

너는 피자를 좀 원하니?

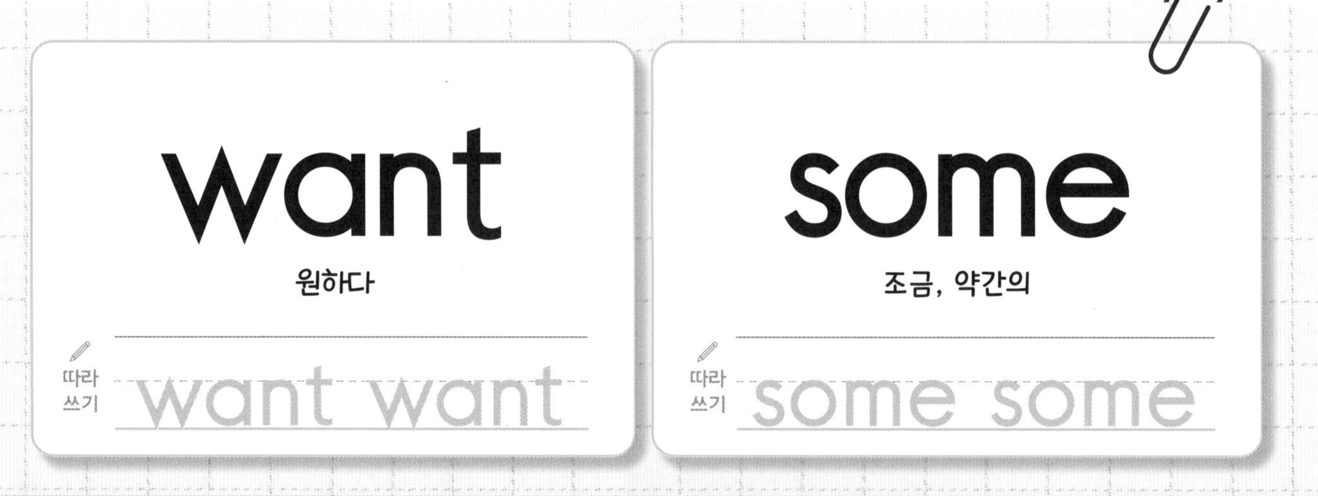

01 오늘의 단어를 찾아 색칠해 보세요.

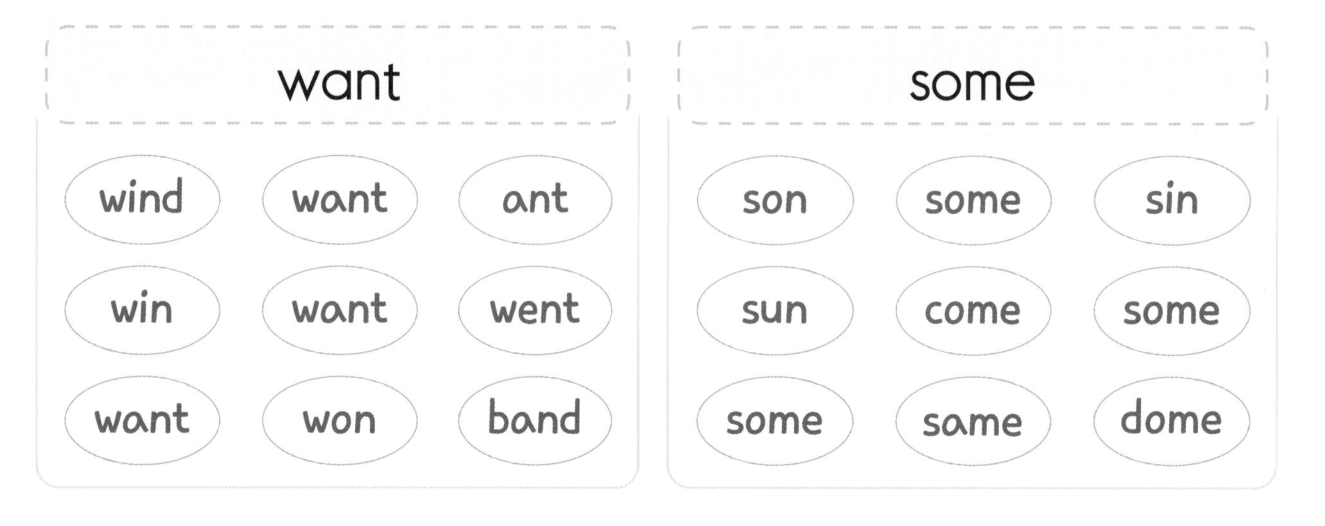

02 빈칸에 단어를 완성하고 스스로 써 보세요.

스스로 쓰기

w ☐ n ☐ ☐ a ☐ t →

☐ o ☐ e s ☐ m ☐ →

want, some과 같이 쓰이는
단어들도 함께 배워 봐요.

03 want, some과 자주 쓰이는 단어를 따라 써 보세요.

pizza 피자	Do you want some pizza? 너는 피자를 좀 원하니?
bread 빵	Do you want some bread? 너는 빵을 좀 원하니?
water 물	Do you want some water? 너는 물을 좀 원하니?

04 빈칸에 알맞은 단어를 넣어 통문장을 완성해 보세요.

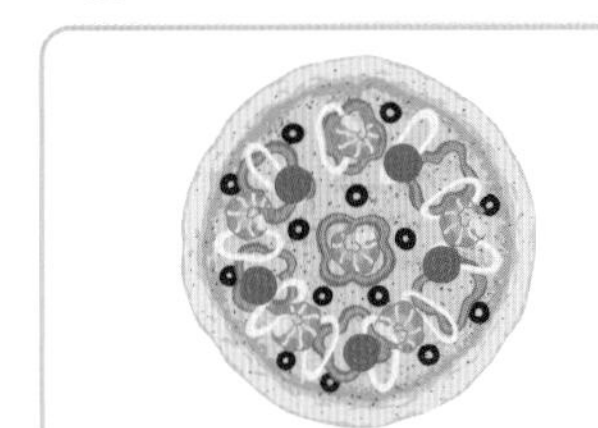

Do you want ______ pizza ?

너는 피자를 좀 원하니?

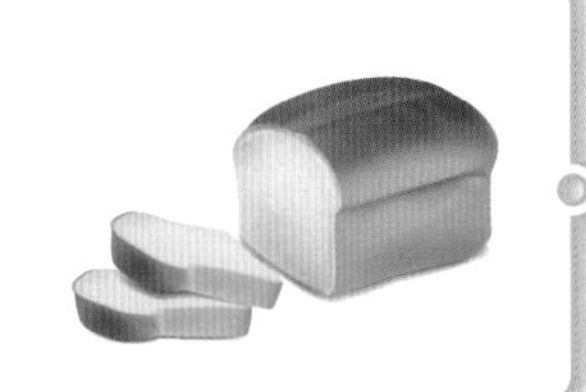

Do you ______ some bread ?

너는 빵을 좀 원하니?

Do you ______ ______ water ?

너는 물을 좀 원하니?

No, I'm full.

아니, 나는 배부르다.

01 오늘의 단어를 찾아 색칠해 보세요.

no

no	not	on
in	no	nut
do	no	net

full

full	fall	fell
fill	null	fur
ill	fuel	full

02 빈칸에 단어를 완성하고 스스로 써 보세요.

스스로 쓰기

n ☐ ☐ o →

☐ u l ☐ f ☐ ☐ l →

03 no, full과 자주 쓰이는 단어를 따라 써 보세요.

I'm 나는 ~이다	No, I'm full.	아니, 나는 배부르다.
he's 그는 ~이다	No, he's full.	아니, 그는 배부르다.
you're 너는 ~이다	No, you're full.	아니, 너는 배부르다.

04 빈칸에 알맞은 단어를 넣어 통문장을 완성해 보세요.

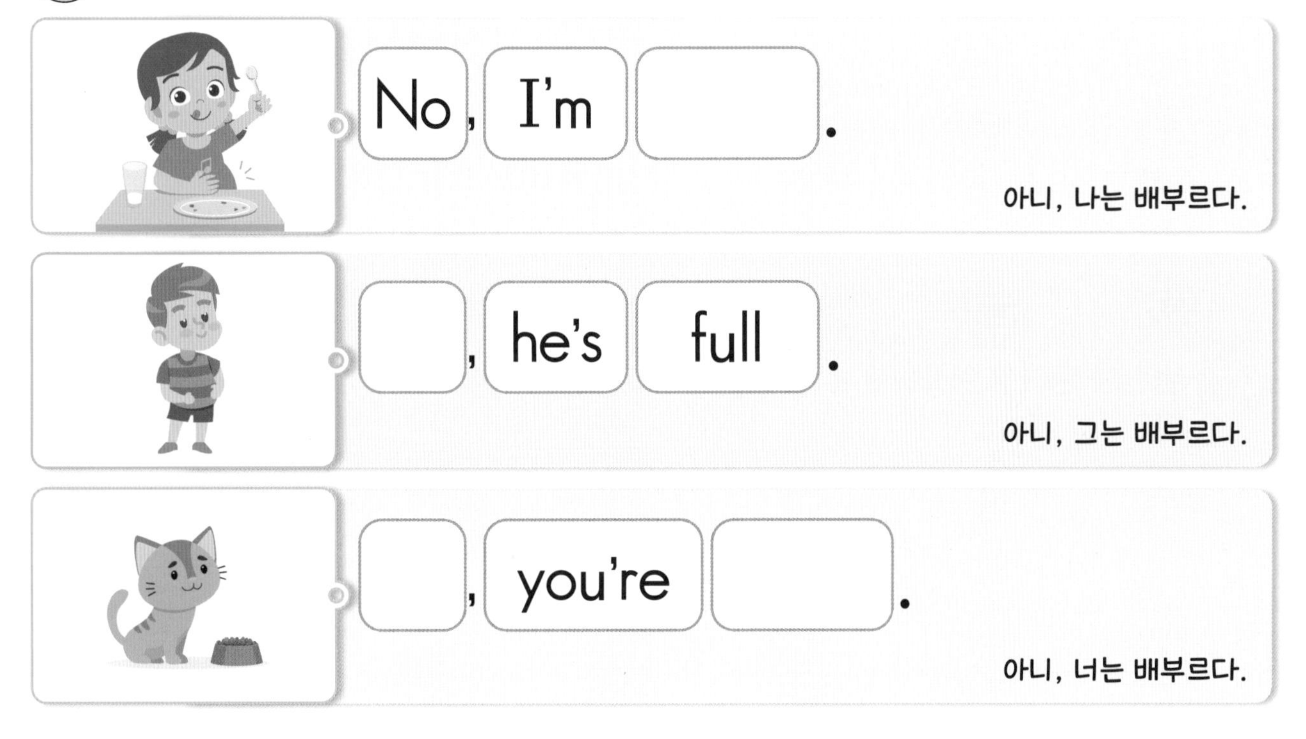

No, I'm ______.
아니, 나는 배부르다.

______, he's full.
아니, 그는 배부르다.

______, you're ______.
아니, 너는 배부르다.

She has two dolls.

그녀는 인형 두 개를 가지고 있다.

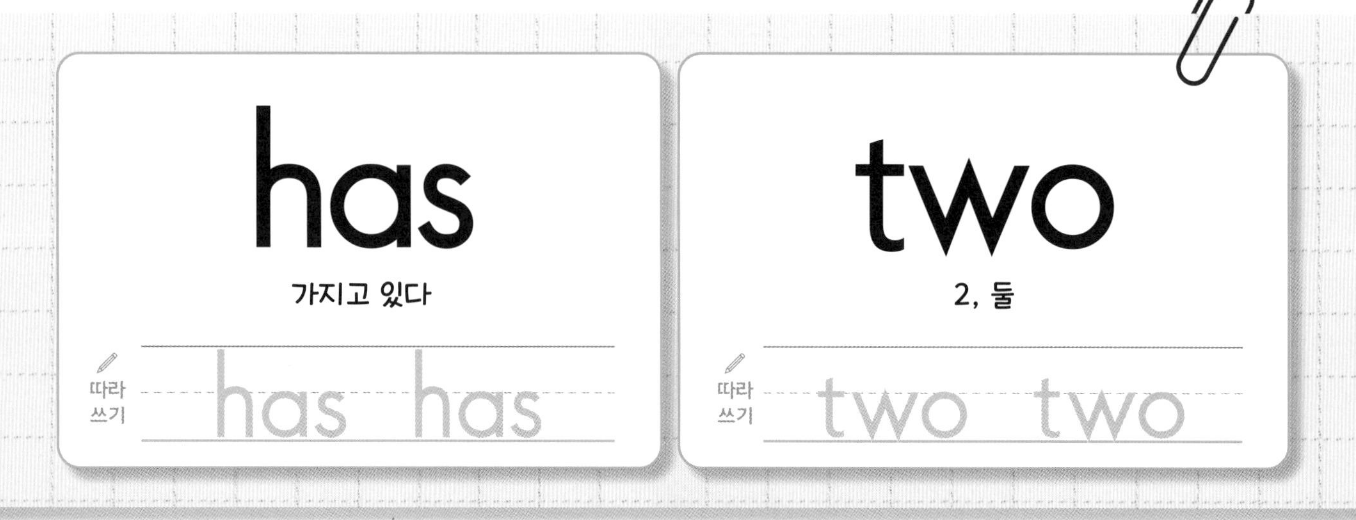

01 오늘의 단어를 찾아 색칠해 보세요.

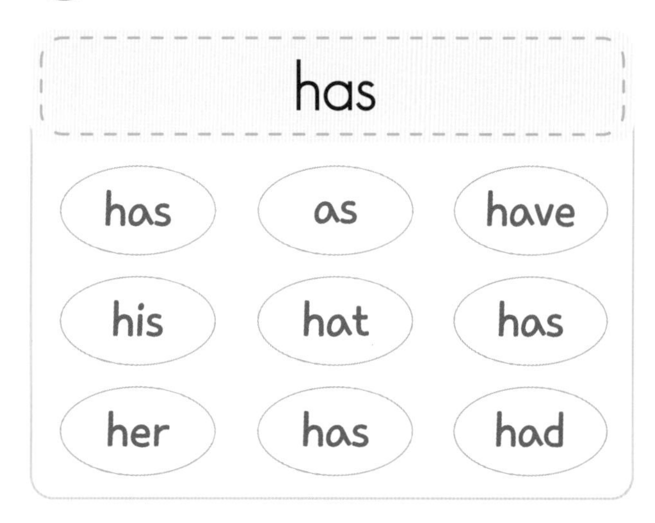

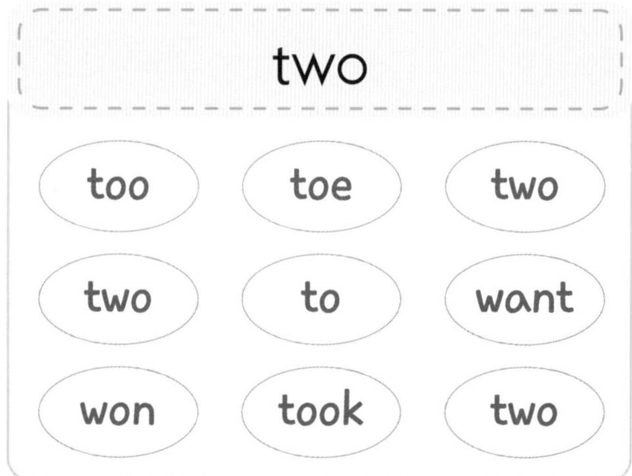

02 빈칸에 단어를 완성하고 스스로 써 보세요.

스스로 쓰기

h ☐ s ☐ a ☐ ⇒

t w ☐ ☐ ☐ o ⇒

has, two와 같이 쓰이는
단어들도 함께 배워 봐요.

03 has, two와 자주 쓰이는 단어를 따라 써 보세요.

doll
인형

She has two dolls.
그녀는 인형 두 개를 가지고 있다.

ball
공

She has two balls.
그녀는 공 두 개를 가지고 있다.

fan
부채

She has two fans.
그녀는 부채 두 개를 가지고 있다.

04 빈칸에 알맞은 단어를 넣어 통문장을 완성해 보세요.

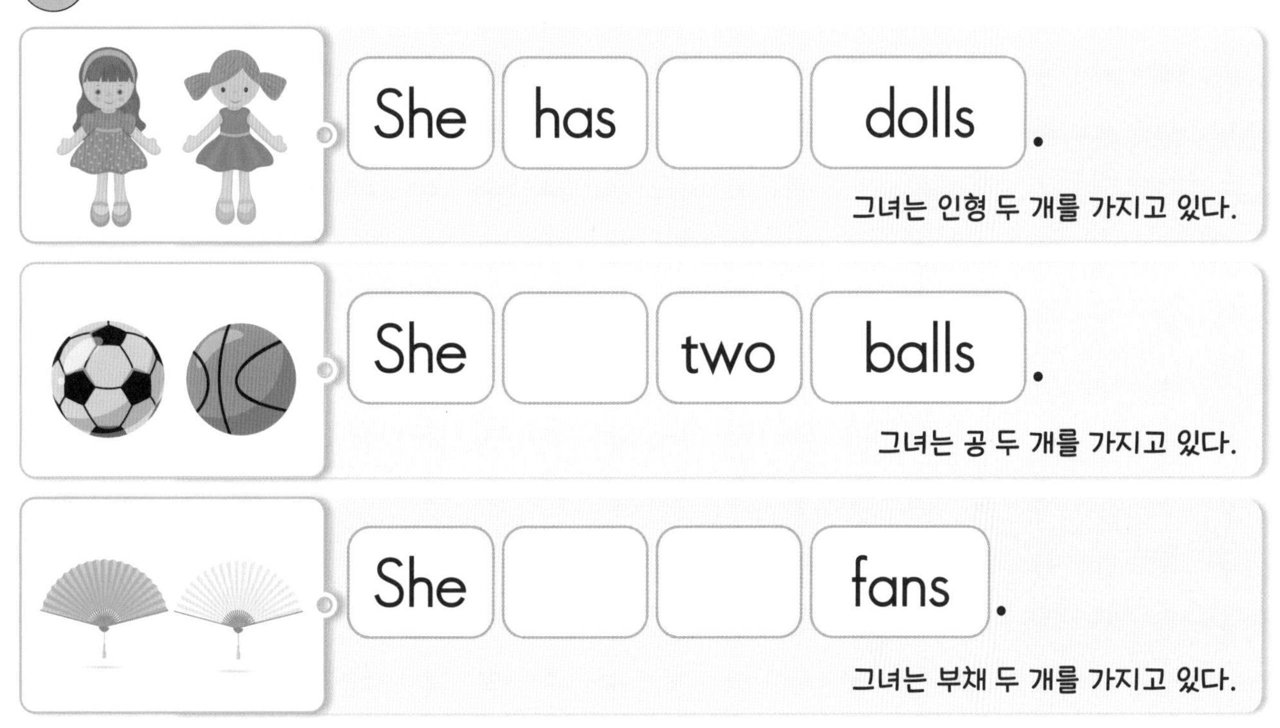

She | has | ____ | dolls .
그녀는 인형 두 개를 가지고 있다.

She | ____ | two | balls .
그녀는 공 두 개를 가지고 있다.

She | ____ | ____ | fans .
그녀는 부채 두 개를 가지고 있다.

They are very long.

그것들은 매우 길다.

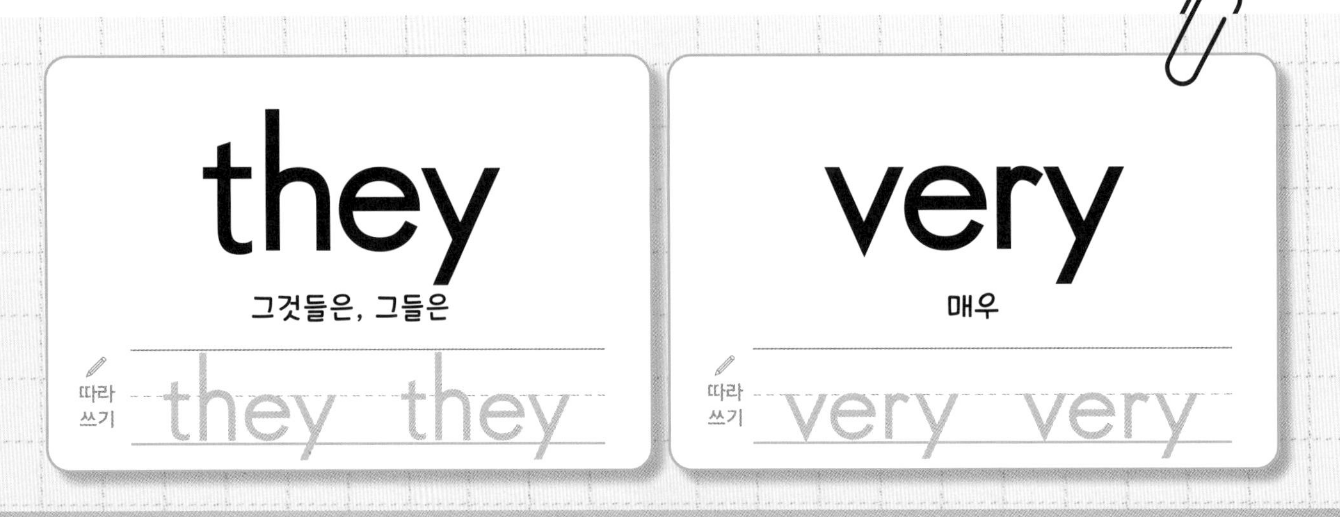

01 오늘의 단어를 찾아 색칠해 보세요.

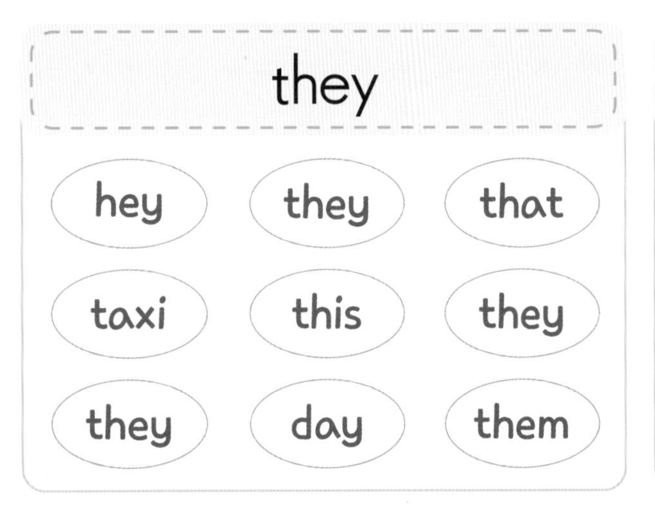

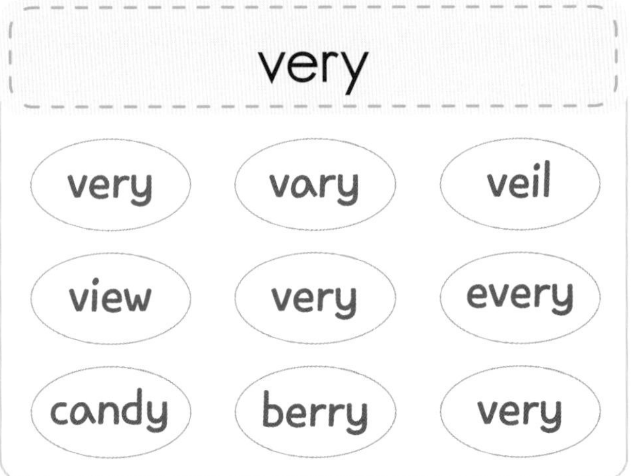

02 빈칸에 단어를 완성하고 스스로 써 보세요.

스스로 쓰기

t _ _ y _ h e _ ⇨

_ e r _ v _ _ y ⇨

they, very와 같이 쓰이는
단어들도 함께 배워 봐요.

03 they, very와 자주 쓰이는 단어를 따라 써 보세요.

04 빈칸에 알맞은 단어를 넣어 통문장을 완성해 보세요.

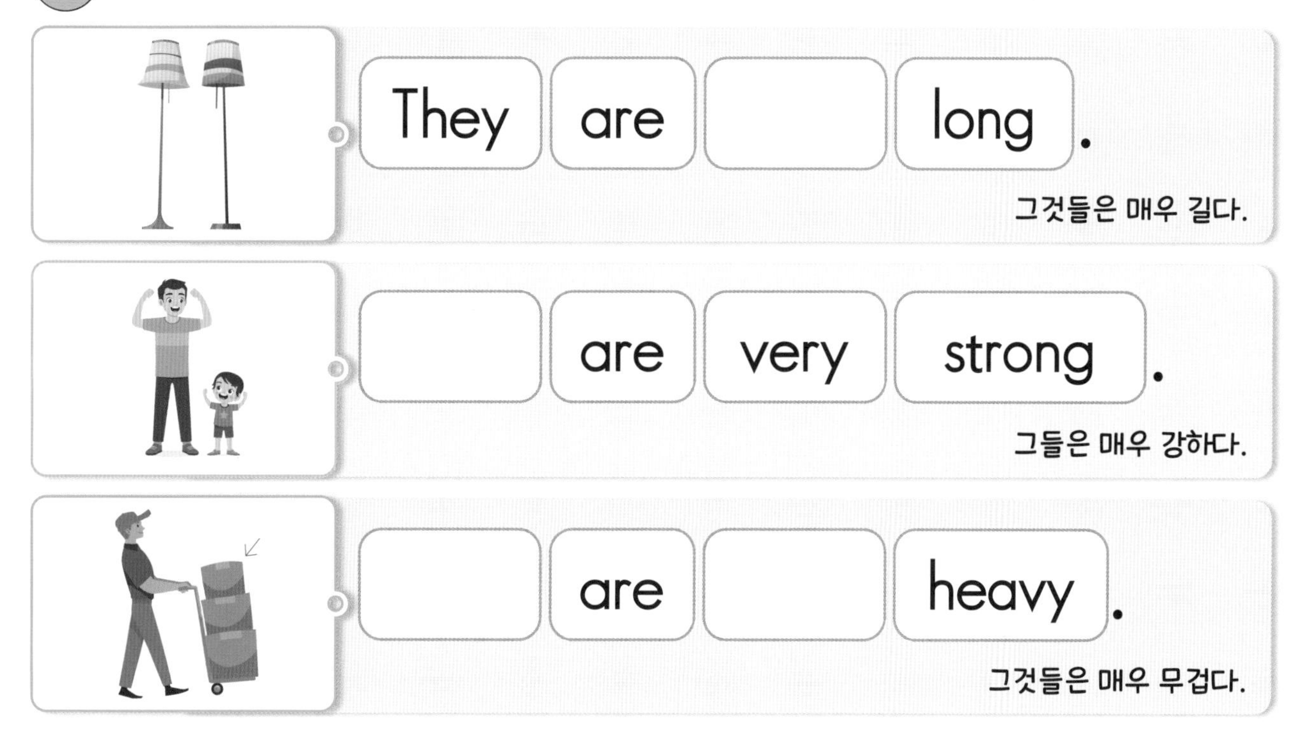

REVIEW 03

통문장 연습하기 _ Unit 5 & 6

다음 통문장을 큰소리로 읽으면서 써 보세요.

01

Do you want some pizza?

너는 피자를 좀 원하니?

⇒ Do you want some pizza?

bread

너는 빵을 좀 원하니?

water

너는 물을 좀 원하니?

02

No, I'm full.

아니, 나는 배부르다.

⇒ No, I'm full.

he's

아니, 그는 배부르다.

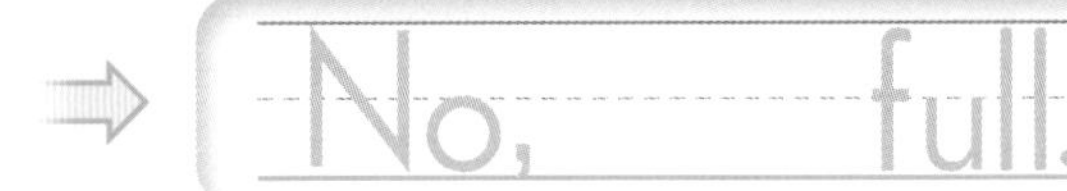

you're

아니, 너는 배부르다.

03 She has two dolls.

그녀는 인형 두 개를 가지고 있다.

⇒ She has two dolls.

ball 그녀는 공 두 개를 가지고 있다.

⇒ She has two .

fan 그녀는 부채 두 개를 가지고 있다.

⇒

04 They are very long.

그것들은 매우 길다.

⇒ They are very long.

strong 그들은 매우 강하다.

⇒ They are very .

heavy 그것들은 매우 무겁다.

⇒

CHAPTER 02

미리 배우는 단어 리스트

1st 단어 읽기

soccer 축구	baseball 야구	basketball 농구	party 파티	house 집	room 방
box 상자	bottle 병	basket 바구니	hat 모자	pocket 주머니	jar (잼, 꿀을 담는) 병
star 별	flower 꽃	tree 나무	wash 세탁하다, 씻다	read 읽다	water 물을 주다
sad 슬픈	angry 화난	sleepy 졸린	smile 미소	hair 머리(카락)	voice 목소리
it's 그것은 ~이다	she's 그녀는 ~이다	they're 그것들은(그들은) ~이다	cow 소	duck 오리	bear 곰
breakfast 아침	lunch 점심	dinner 저녁	door 문	window 창문	gate 대문

* 위의 단어와 비교해 보세요.

2nd 단어 찾아 쓰기

축구	baseball 야구	basketball 농구	party 파티	집	room 방
box 상자	bottle 병	바구니	hat 모자	pocket 주머니	jar (잼, 꿀을 담는) 병
star 별	flower 꽃	tree 나무	세탁하다, 씻다	read 읽다	water 물을 주다
sad 슬픈	angry 화난	졸린	smile 미소	hair 머리(카락)	목소리
it's 그것은 ~이다	she's 그녀는 ~이다	they're 그것들은(그들은) ~이다	소	duck 오리	bear 곰
breakfast 아침	lunch 점심	저녁	door 문	window 창문	gate 대문

☑ 일별 체크리스트

Unit 07

____ 월 ____ 일

나의 평가는?

☆☆☆☆☆

Unit 08

____ 월 ____ 일

나의 평가는?

☆☆☆☆☆

Unit 09

____ 월 ____ 일

나의 평가는?

☆☆☆☆☆

Unit 10

____ 월 ____ 일

나의 평가는?

☆☆☆☆☆

Unit 11

____ 월 ____ 일

나의 평가는?

☆☆☆☆☆

Unit 12

____ 월 ____ 일

나의 평가는?

☆☆☆☆☆

이렇게 함께 해요.

☑ 공부할 날짜 쓰기

☑ 공부할 QR을 찍고 음원 듣기

☑ 공부가 끝나면 내가 칠한 별 개수로 칭찬하기

오늘 나의 기분은?

MEMO

____

____

____

We can play soccer.

우리는 축구를 할 수 있다.

we

우리는

따라 쓰기

we we

play

(경기를) 하다, 놀다

따라 쓰기

play play

01 오늘의 단어를 찾아 색칠해 보세요.

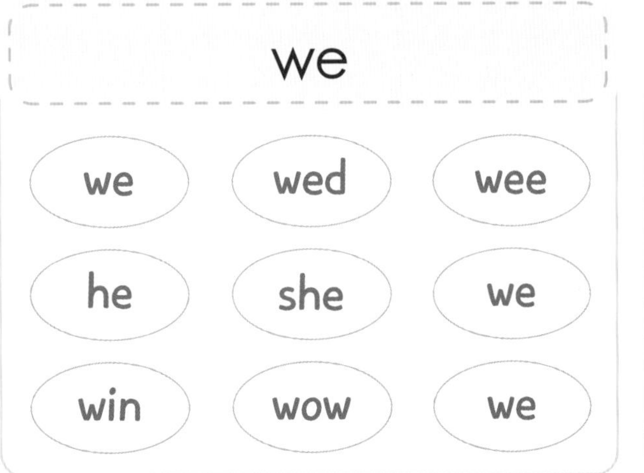

we

we wed wee

he she we

win wow we

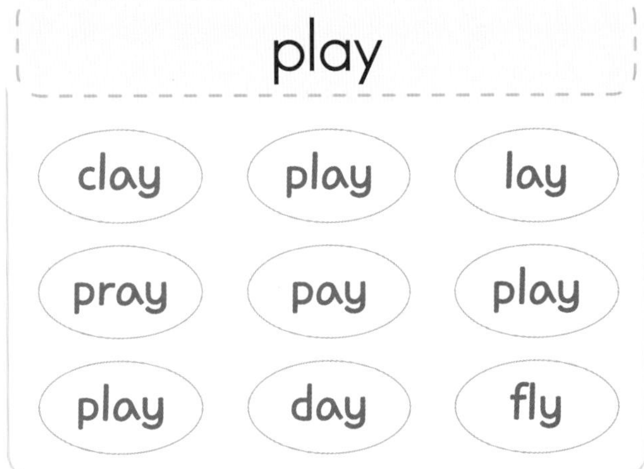

play

clay play lay

pray pay play

play day fly

02 빈칸에 단어를 완성하고 스스로 써 보세요.

스스로 쓰기

w ☐ ☐ e

p l ☐ ☐ ☐ ☐ a y

we, play와 같이 쓰이는
단어들도 함께 배워 봐요.

03 we, play와 자주 쓰이는 단어를 따라 써 보세요.

soccer
축구

We can play soccer.
우리는 축구를 할 수 있다.

baseball
야구

We can play baseball.
우리는 야구를 할 수 있다.

basketball
농구

We can play basketball.
우리는 농구를 할 수 있다.

04 빈칸에 알맞은 단어를 넣어 통문장을 완성해 보세요.

We can ＿＿＿ soccer.
우리는 축구를 할 수 있다.

＿＿＿ can play baseball.
우리는 야구를 할 수 있다.

＿＿＿ can ＿＿＿ basketball.
우리는 농구를 할 수 있다.

Come to my party.

내 파티에 와.

01 오늘의 단어를 찾아 색칠해 보세요.

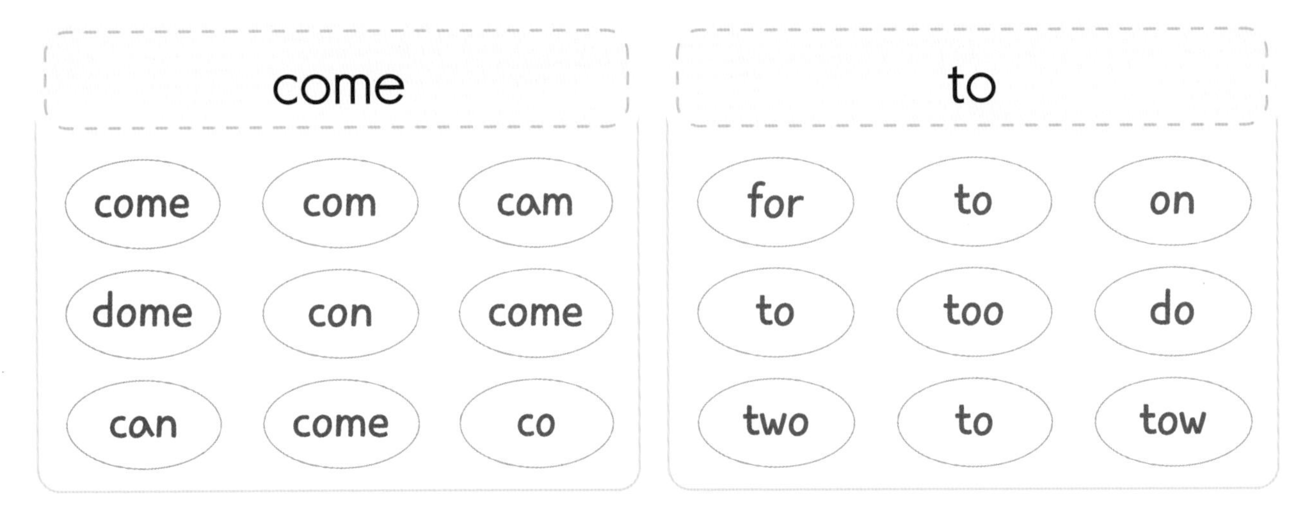

02 빈칸에 단어를 완성하고 스스로 써 보세요.

스스로 쓰기

c ☐ ☐ e ☐ o m ☐ →

☐ o t ☐ →

come, to와 같이 쓰이는
단어들도 함께 배워 봐요.

03 come, to와 자주 쓰이는 단어를 따라 써 보세요.

party 파티	Come to my party. 내 파티에 와.
house 집	Come to my house. 내 집으로 와.
room 방	Come to my room. 내 방으로 와.

04 빈칸에 알맞은 단어를 넣어 통문장을 완성해 보세요.

Come [ ] my party.

내 파티에 와.

[ ] to my house.

내 집으로 와.

[ ] [ ] my room.

내 방으로 와.

It is in your box.

그것은 너의 상자 안에 있다.

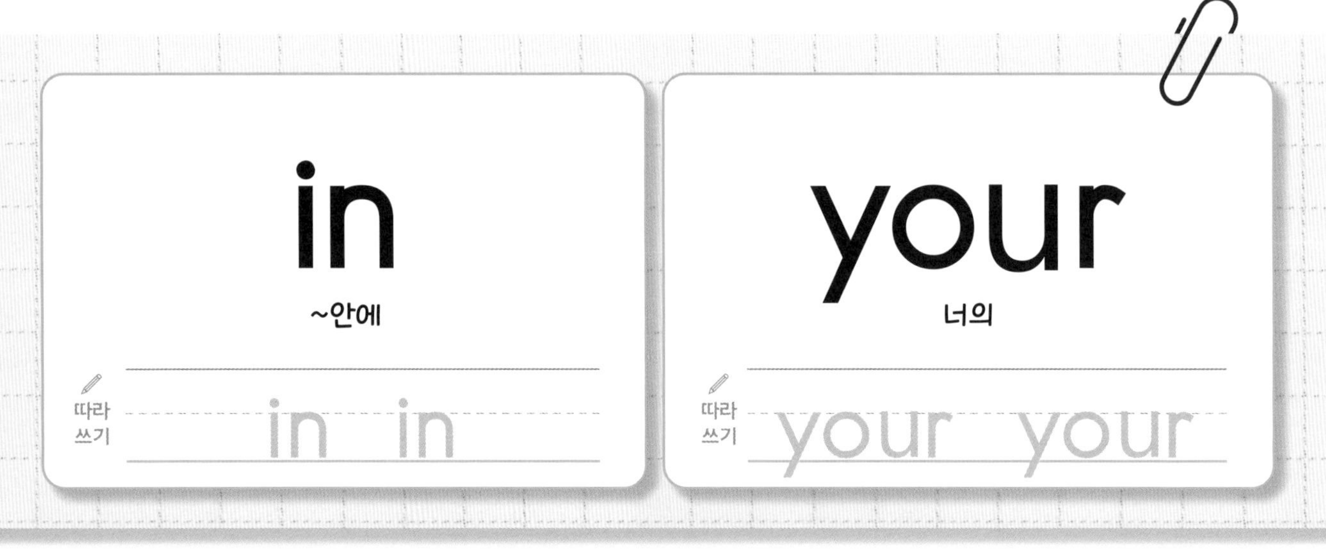

01 오늘의 단어를 찾아 색칠해 보세요.

in

in	at	i
on	it	in
im	in	is

your

you	your	our
yard	youth	you
yak	your	yoyo

02 빈칸에 단어를 완성하고 스스로 써 보세요.

스스로 쓰기

i ☐ ☐ n →

☐ o u ☐ y ☐ ☐ r →

in, your와 같이 쓰이는
단어들도 함께 배워 봐요.

03 in, your와 자주 쓰이는 단어를 따라 써 보세요.

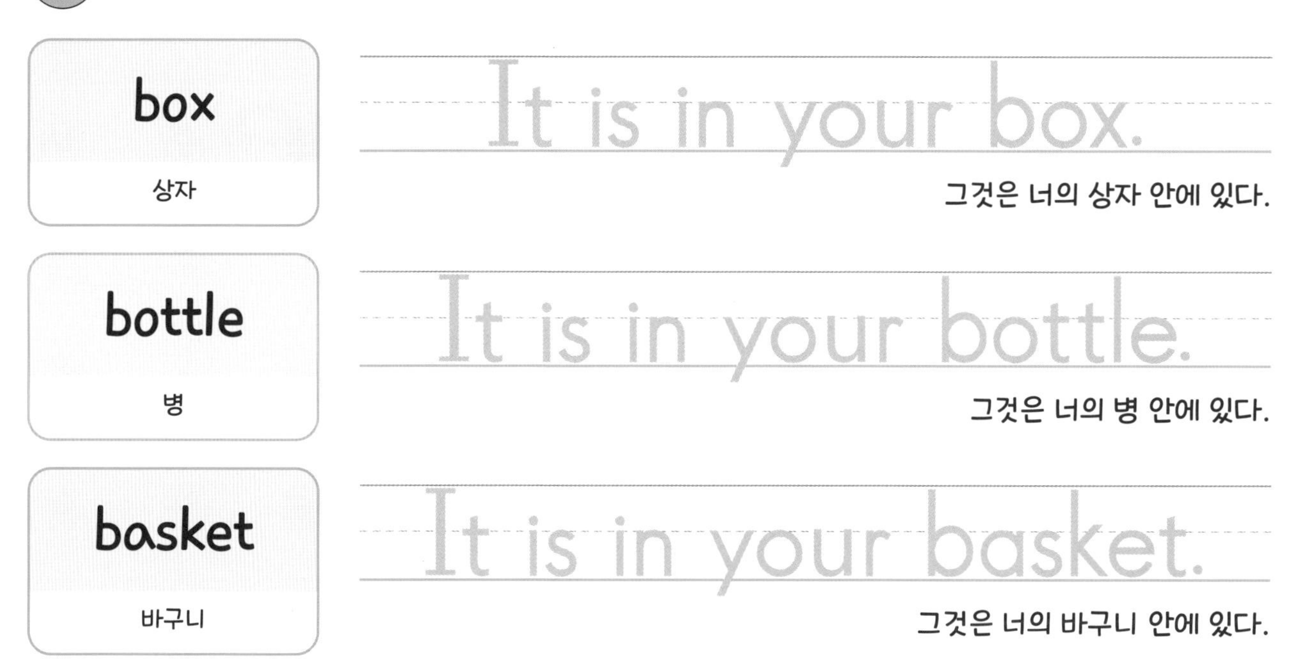

04 빈칸에 알맞은 단어를 넣어 통문장을 완성해 보세요.

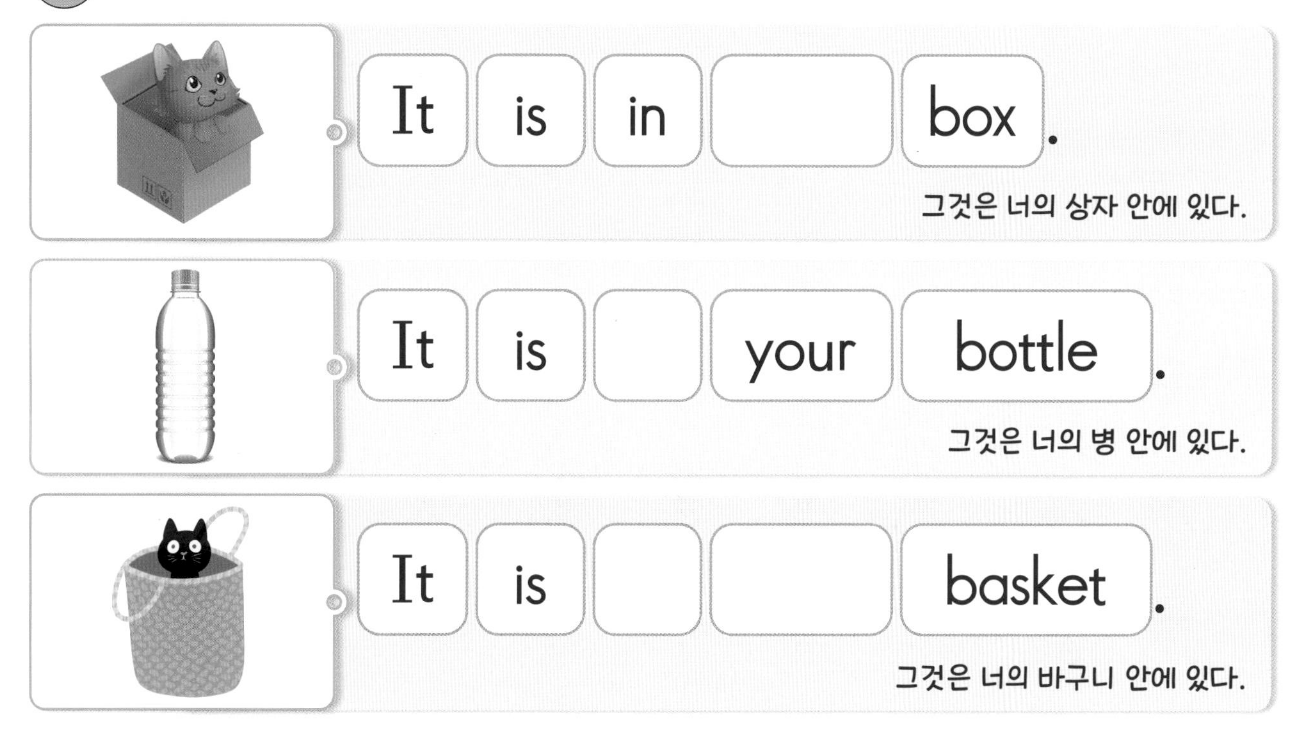

What is in the hat?

그 모자 안에 무엇이 있니?

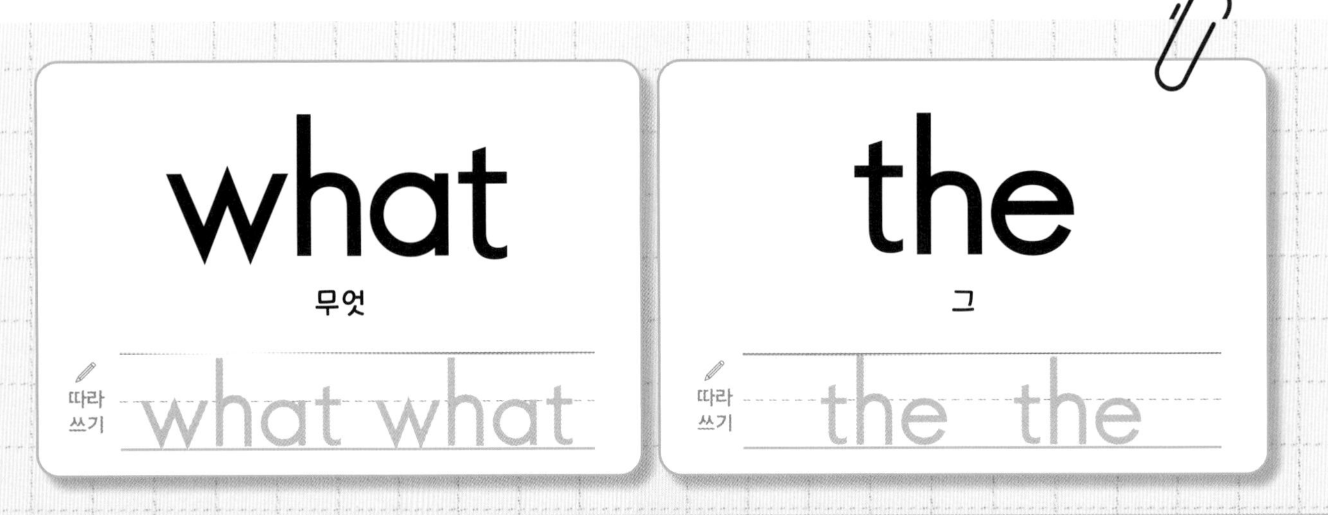

01 오늘의 단어를 찾아 색칠해 보세요.

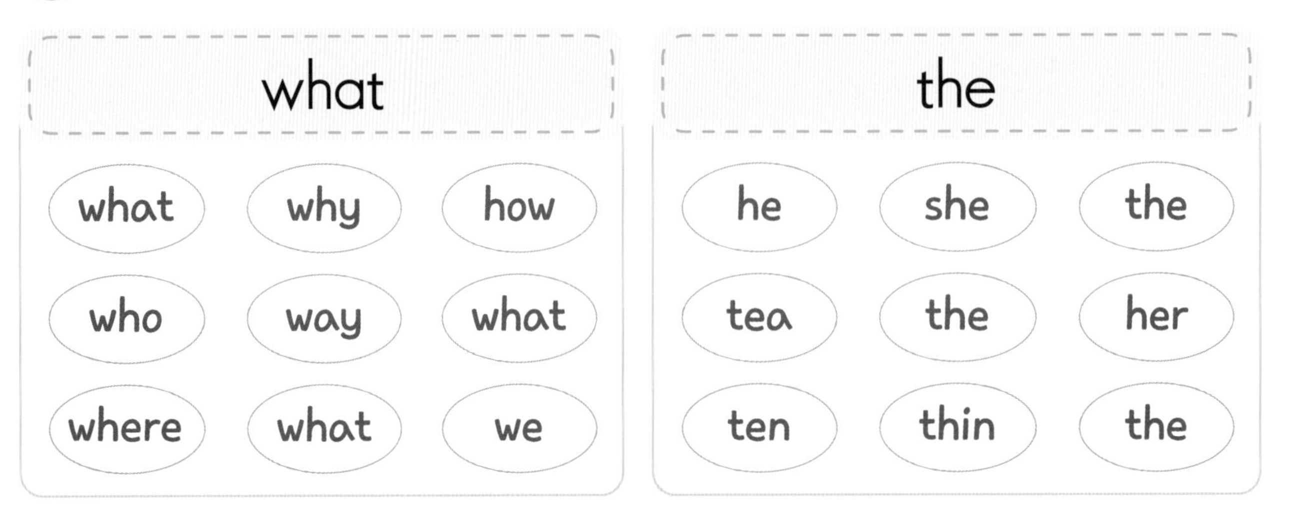

02 빈칸에 단어를 완성하고 스스로 써 보세요.

스스로 쓰기

☐ h a ☐ w ☐ ☐ t ⇨

t ☐ e ☐ h ☐ ⇨

what, the와 같이 쓰이는
단어들도 함께 배워 봐요.

03 what, the와 자주 쓰이는 단어를 따라 써 보세요.

hat 모자	What is in the hat? 그 모자 안에 무엇이 있니?
pocket 주머니	What is in the pocket? 그 주머니 안에 무엇이 있니?
jar (잼, 꿀을 담는) 병	What is in the jar? 그 (잼) 병 안에 무엇이 있니?

04 빈칸에 알맞은 단어를 넣어 통문장을 완성해 보세요.

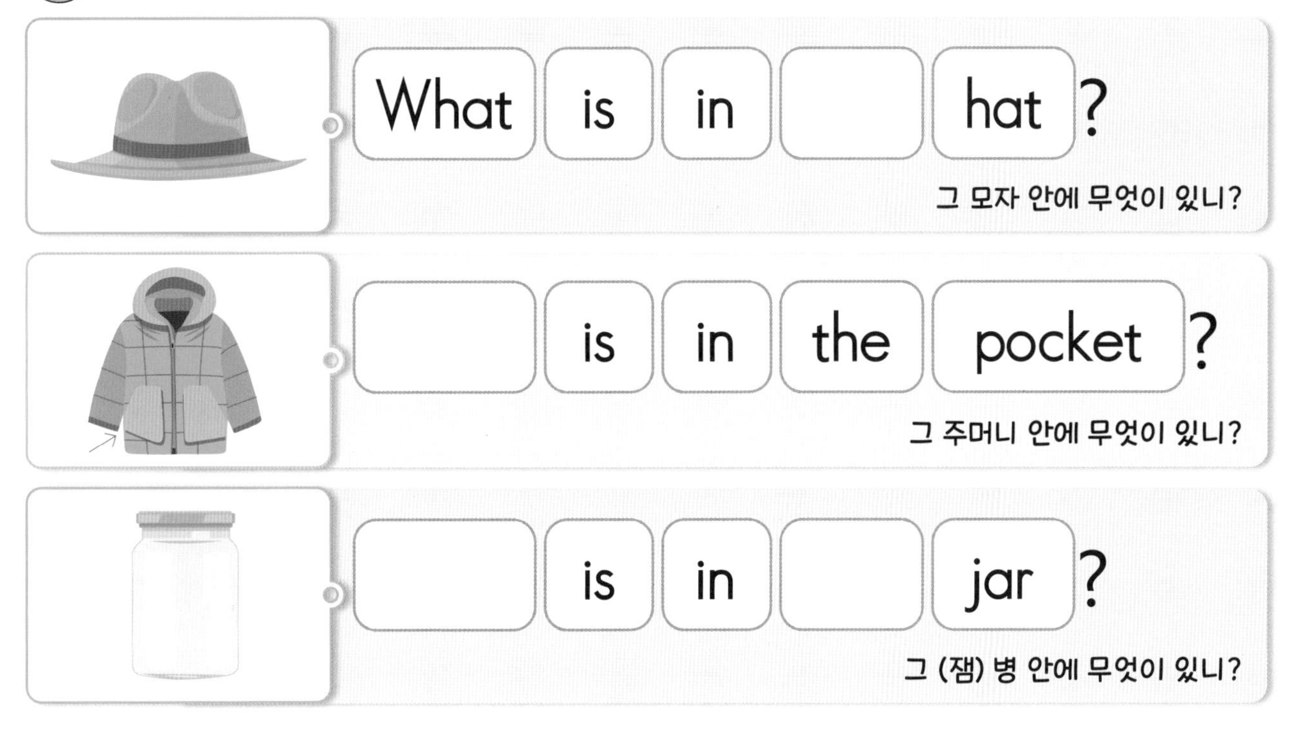

REVIEW 04

통문장 연습하기 _ Unit 7 & 8

다음 통문장을 큰소리로 읽으면서 써 보세요.

01

We can play soccer.

우리는 축구를 할 수 있다.

⇒ We can play soccer.

baseball 우리는 야구를 할 수 있다.

⇒ We can play .

basketball 우리는 농구를 할 수 있다.

⇒

02

Come to my party.

내 파티에 와.

⇒ Come to my party.

house 내 집으로 와.

⇒ Come to my .

room 내 방으로 와.

⇒

03 It is in your box.

그것은 너의 상자 안에 있다.

⇨ It is in your box.

bottle

그것은 너의 병 안에 있다.

⇨ It is in your .

basket

그것은 너의 바구니 안에 있다.

⇨

04 What is in the hat?

그 모자 안에 무엇이 있니?

⇨ What is in the hat?

pocket

그 주머니 안에 무엇이 있니?

⇨ What is in the ?

jar

그 (잼) 병 안에 무엇이 있니?

⇨

Look at the stars.

그 별들을 봐.

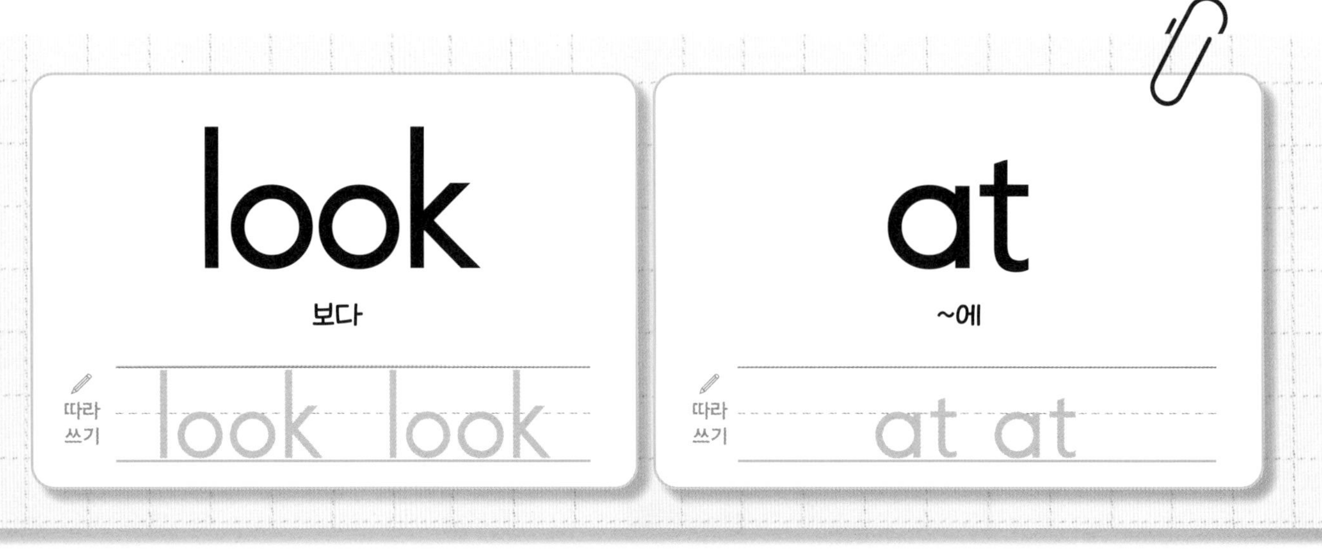

01 오늘의 단어를 찾아 색칠해 보세요.

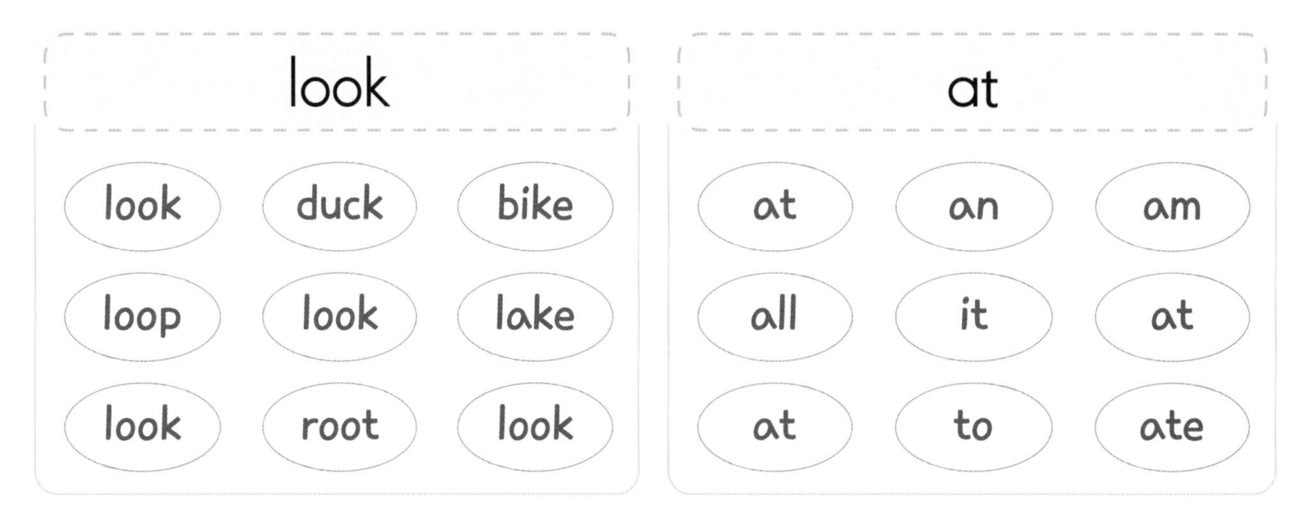

02 빈칸에 단어를 완성하고 스스로 써 보세요.

스스로 쓰기

l ☐ o ☐ ☐ o ☐ k ⇨

☐ t a ☐ ⇨

look, at과 같이 쓰이는
단어들도 함께 배워 봐요.

03 look, at과 자주 쓰이는 단어를 따라 써 보세요.

star
별

Look at the stars.
그 별들을 봐.

flower
꽃

Look at the flowers.
그 꽃들을 봐.

tree
나무

Look at the trees.
그 나무들을 봐.

04 빈칸에 알맞은 단어를 넣어 통문장을 완성해 보세요.

Look ____ the stars.
그 별들을 봐.

____ at the flowers.
그 꽃들을 봐.

____ ____ the trees.
그 나무들을 봐.

I must wash them.

나는 그것들을 세탁해야 한다.

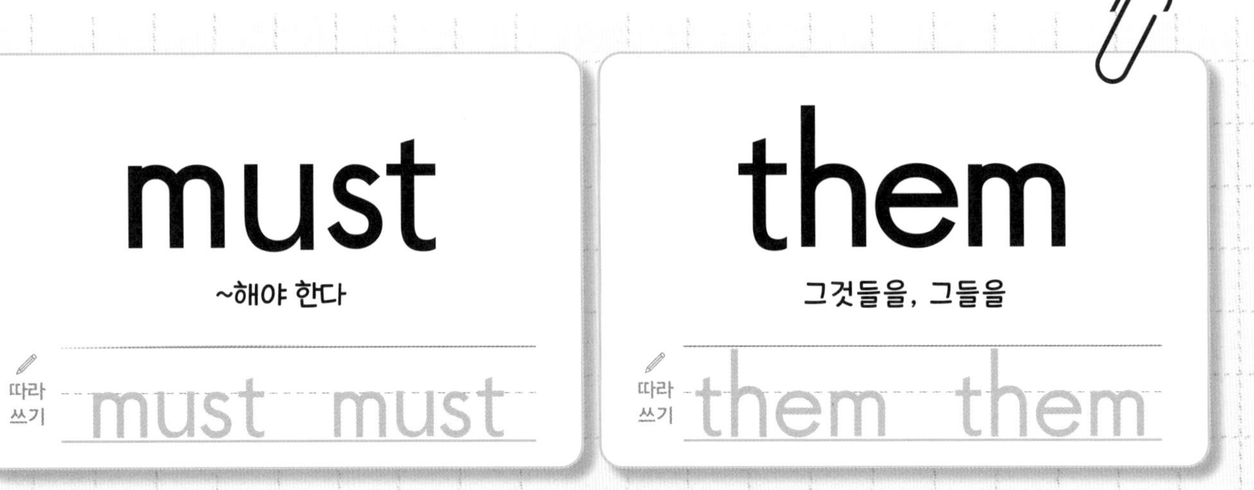

01 오늘의 단어를 찾아 색칠해 보세요.

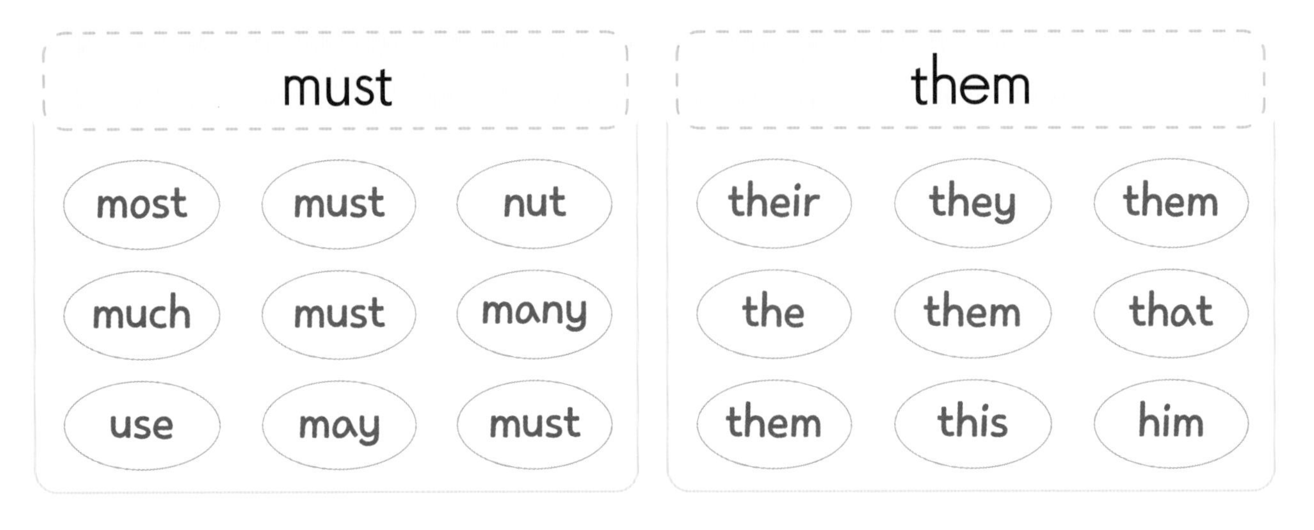

02 빈칸에 단어를 완성하고 스스로 써 보세요.

스스로 쓰기

m ☐ s ☐ ☐ u ☐ t ⇨

☐ h e ☐ t ☐ ☐ m ⇨

must, them과 같이 쓰이는
단어들도 함께 배워 봐요.

03 must, them과 자주 쓰이는 단어를 따라 써 보세요.

wash 세탁하다, 씻다	I must wash them. 나는 그것들을 세탁해야 한다.
read 읽다	I must read them. 나는 그것들을 읽어야 한다.
water 물을 주다	I must water them. 나는 그것들에 물을 줘야 한다.

04 빈칸에 알맞은 단어를 넣어 통문장을 완성해 보세요.

I | must | wash | ____ .
나는 그것들을 세탁해야 한다.

I | ____ | read | them .
나는 그것들을 읽어야 한다.

I | ____ | water | ____ .
나는 그것들에 물을 줘야 한다.

She is sad now.

그녀는 지금 슬프다.

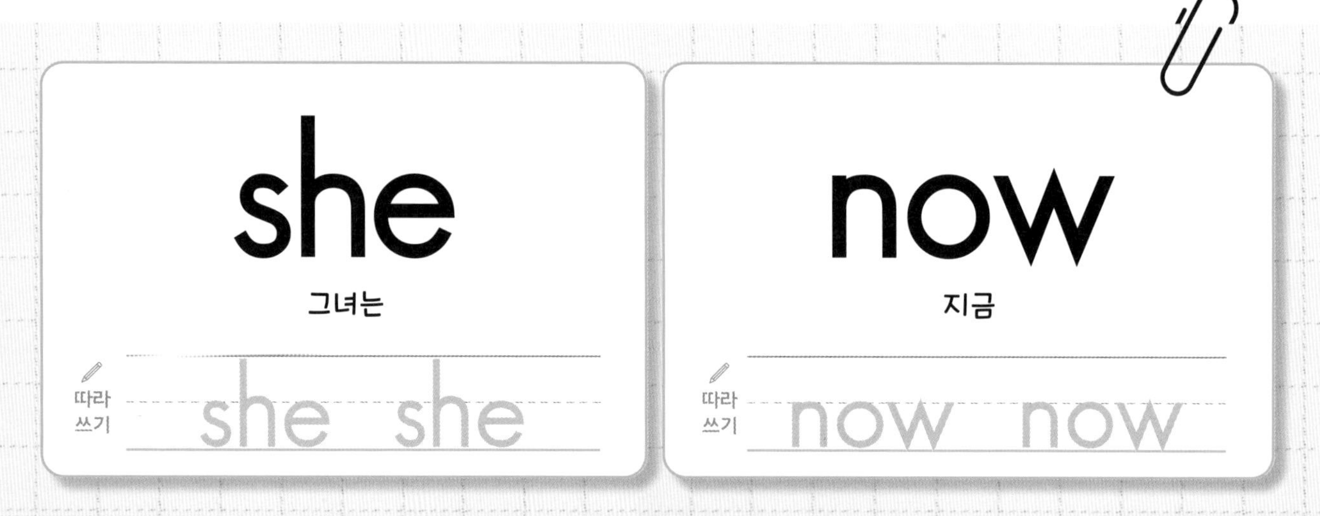

01 오늘의 단어를 찾아 색칠해 보세요.

she

she	he	shoe
her	shop	she
star	she	sun

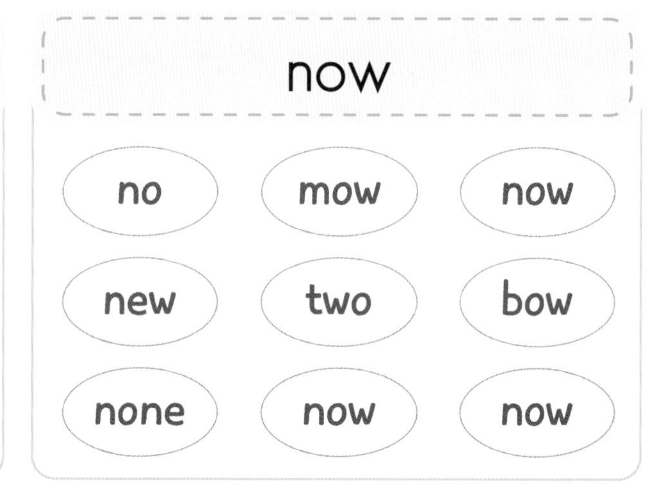

02 빈칸에 단어를 완성하고 스스로 써 보세요.

스스로 쓰기

s [ ] e [ ] h [ ] ⇒

n [ ] w [ ] o [ ] ⇒

03 she, now와 자주 쓰이는 단어를 따라 써 보세요.

sad 슬픈	She is sad now.	그녀는 지금 슬프다.
angry 화난	She is angry now.	그녀는 지금 화가 나 있다.
sleepy 졸린	She is sleepy now.	그녀는 지금 졸리다.

04 빈칸에 알맞은 단어를 넣어 통문장을 완성해 보세요.

She is sad ____.

그녀는 지금 슬프다.

____ is angry now.

그녀는 지금 화가 나 있다.

____ is sleepy ____.

그녀는 지금 졸리다.

I love her smile.

나는 그녀의 미소를 매우 좋아한다.

01 오늘의 단어를 찾아 색칠해 보세요.

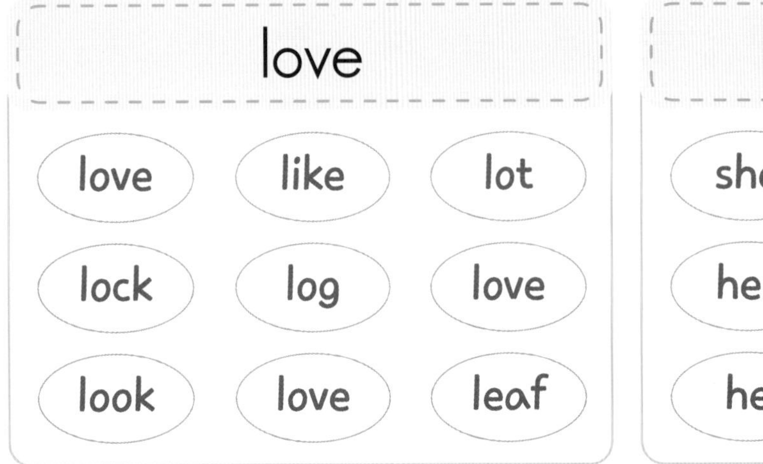

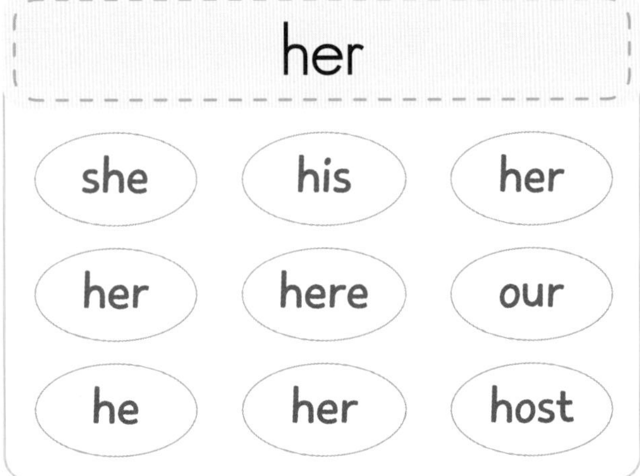

02 빈칸에 단어를 완성하고 스스로 써 보세요.

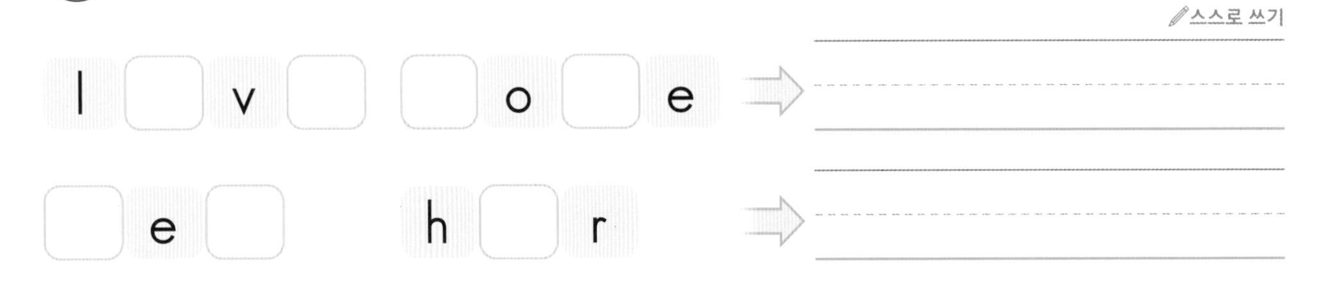

love, her와 같이 쓰이는
단어들도 함께 배워 봐요.

03 love, her와 자주 쓰이는 단어를 따라 써 보세요.

smile 미소	I love her smile. 나는 그녀의 미소를 매우 좋아한다.
hair 머리(카락)	I love her hair. 나는 그녀의 머리(카락)을 매우 좋아한다.
voice 목소리	I love her voice. 나는 그녀의 목소리를 매우 좋아한다.

04 빈칸에 알맞은 단어를 넣어 통문장을 완성해 보세요.

I | love | ____ | smile .

나는 그녀의 미소를 매우 좋아한다.

I | ____ | her | hair .

나는 그녀의 머리(카락)을 매우 좋아한다.

I | ____ | ____ | voice .

나는 그녀의 목소리를 매우 좋아한다.

REVIEW 05 통문장 연습하기 _ Unit 9 & 10

다음 통문장을 큰소리로 읽으면서 써 보세요.

01

Look at the stars.

그 별들을 봐.

⇒ Look at the stars.

flower 그 꽃들을 봐

⇒ Look at the .

tree 그 나무들을 봐

⇒

02

I must wash them.

나는 그것들을 세탁해야 한다.

⇒ I must wash them.

read 나는 그것들을 읽어야 한다.

⇒ I must them.

water 나는 그것들에 물을 줘야 한다.

⇒

03 She is sad now.

그녀는 지금 슬프다.

⇨ She is sad now.

angry

그녀는 지금 화가 나 있다.

⇨ She is now.

sleepy

그녀는 지금 졸리다.

⇨

04 I love her smile.

나는 그녀의 미소를 매우 좋아한다.

⇨ I love her smile.

hair

나는 그녀의 머리(카락)을 매우 좋아한다.

⇨ I love her .

voice

나는 그녀의 목소리를 매우 좋아한다.

⇨

It's too small.

그것은 너무 작다.

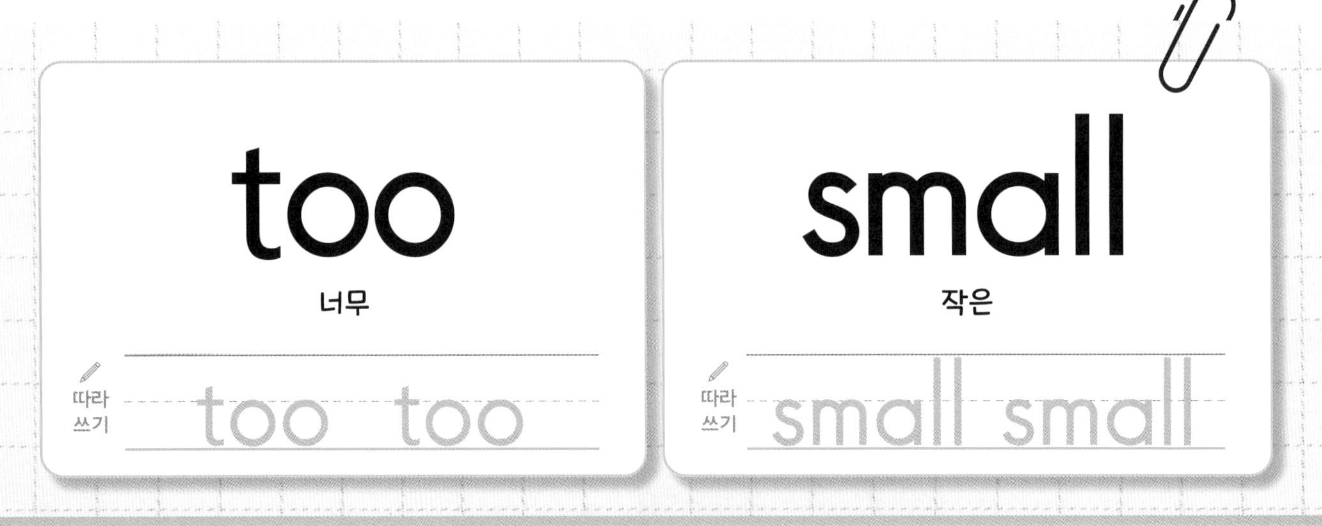

01 오늘의 단어를 찾아 색칠해 보세요.

too		
toe	too	to
too	two	toe
look	took	too

small		
mall	snail	small
small	smog	sail
smell	smile	small

02 빈칸에 단어를 완성하고 스스로 써 보세요.

스스로 쓰기

t ☐ o　　☐ o ☐ ⇨

☐ m ☐ l ☐　　s ☐ a ☐ l ⇨

too, small과 같이 쓰이는
단어들도 함께 배워 봐요.

03 too, small과 자주 쓰이는 단어를 따라 써 보세요.

it's 그것은 ~이다	It's too small.	그것은 너무 작다.
she's 그녀는 ~이다	She's too small.	그녀는 너무 작다.
they're 그것들은(그들은) ~이다	They're too small.	그것들은 너무 작다.

04 빈칸에 알맞은 단어를 넣어 통문장을 완성해 보세요.

It's too ______.

그것은 너무 작다.

She's ______ small.

그녀는 너무 작다.

They're ______ ______.

그것들은 너무 작다.

The cow is not big.

그 소는 크지 않다.

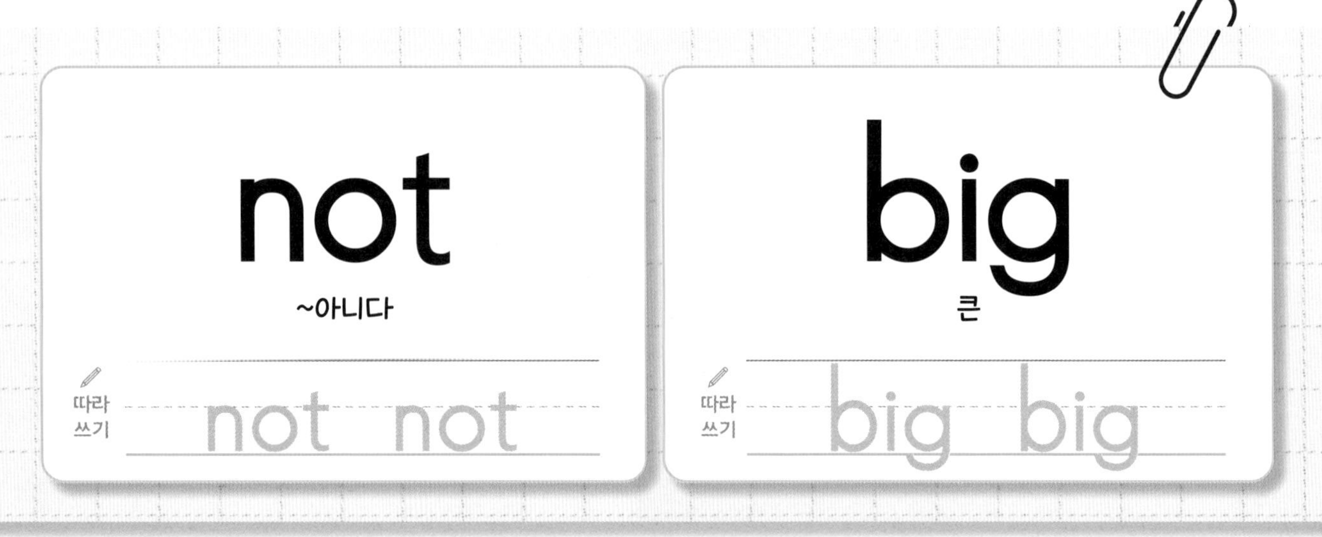

01 오늘의 단어를 찾아 색칠해 보세요.

not

no	not	nut
too	on	not
not	new	never

big

big	bag	dig
pig	big	bit
wig	jig	big

02 빈칸에 단어를 완성하고 스스로 써 보세요.

스스로 쓰기

☐ o ☐ n ☐ t →

b ☐ g ☐ i ☐ →

not, big과 같이 쓰이는
단어들도 함께 배워 봐요.

03 not, big과 자주 쓰이는 단어를 따라 써 보세요.

cow 소	The cow is not big. 그 소는 크지 않다.
duck 오리	The duck is not big. 그 오리는 크지 않다.
bear 곰	The bear is not big. 그 곰은 크지 않다.

04 빈칸에 알맞은 단어를 넣어 통문장을 완성해 보세요.

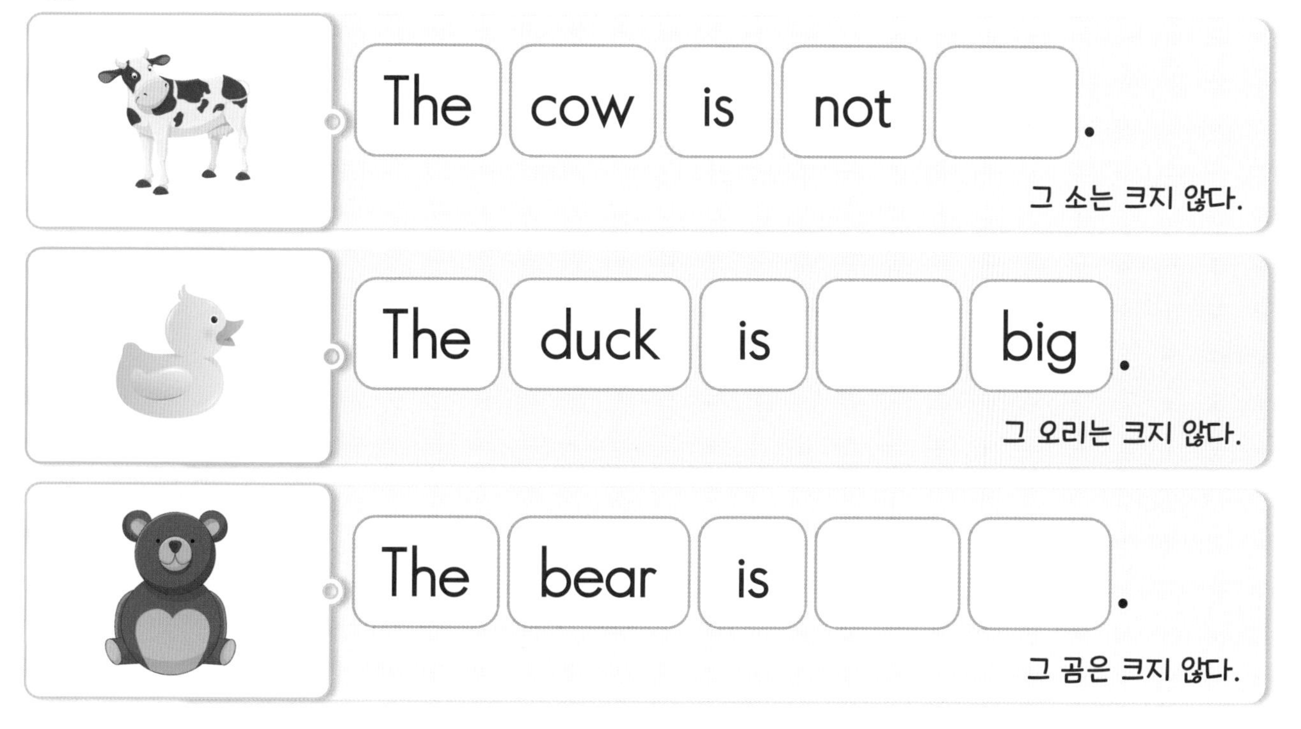

I make breakfast with her.

나는 그녀와 함께 아침을 만든다.

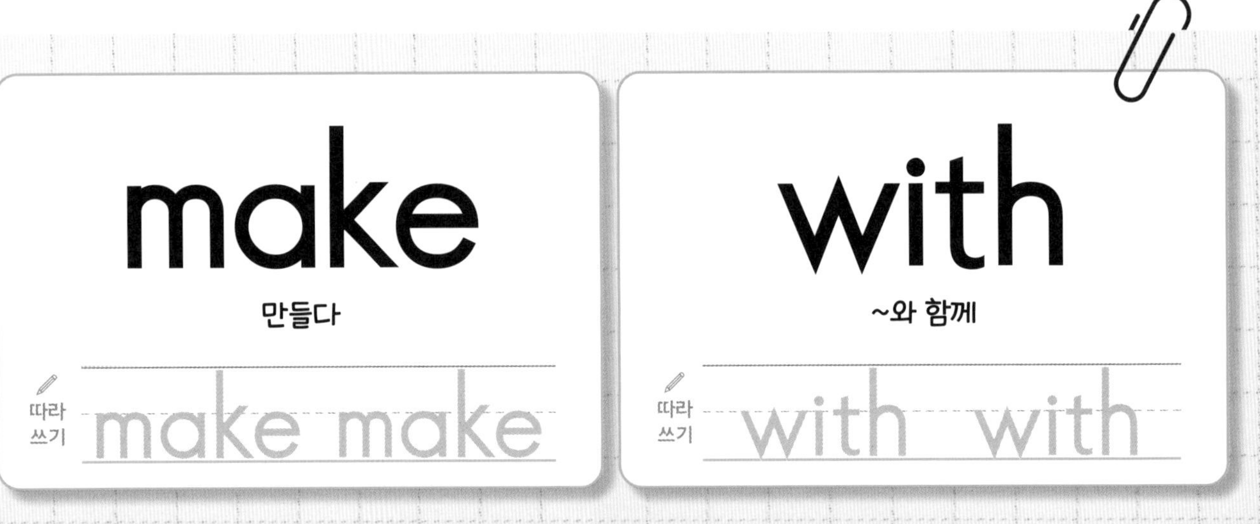

01 오늘의 단어를 찾아 색칠해 보세요.

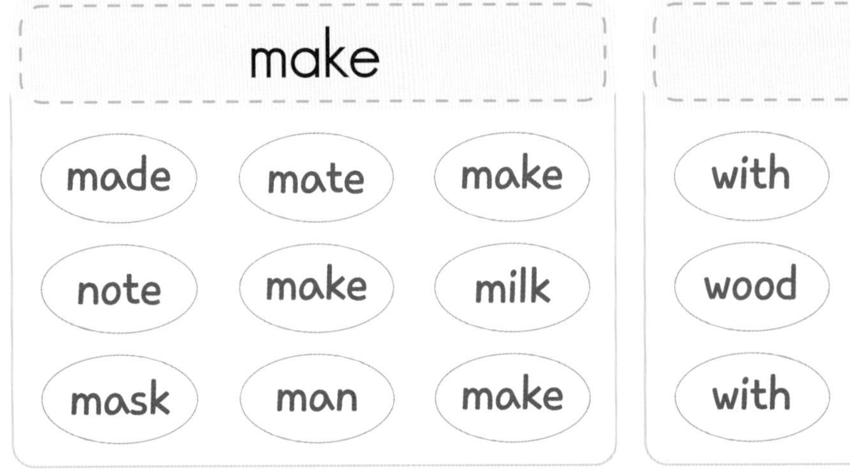

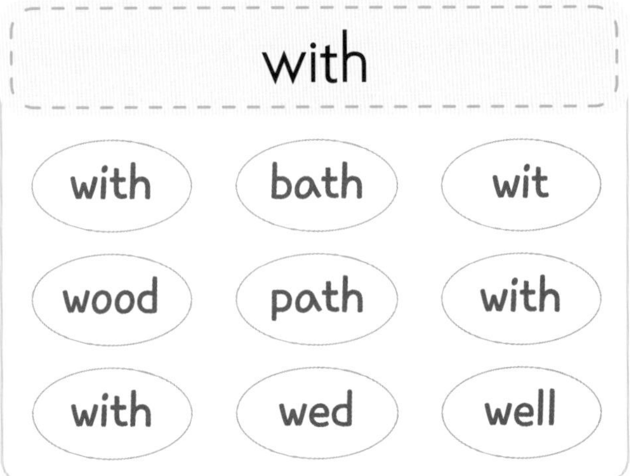

02 빈칸에 단어를 완성하고 스스로 써 보세요.

스스로 쓰기

	a	k		m			e	⇨
w			h		i	t		⇨

make, with와 같이 쓰이는
단어들도 함께 배워 봐요.

03 make, with와 자주 쓰이는 단어를 따라 써 보세요.

breakfast 아침	I make breakfast with her. 나는 그녀와 함께 아침을 만든다.
lunch 점심	I make lunch with her. 나는 그녀와 함께 점심을 만든다.
dinner 저녁	I make dinner with her. 나는 그녀와 함께 저녁을 만든다.

04 빈칸에 알맞은 단어를 넣어 통문장을 완성해 보세요.

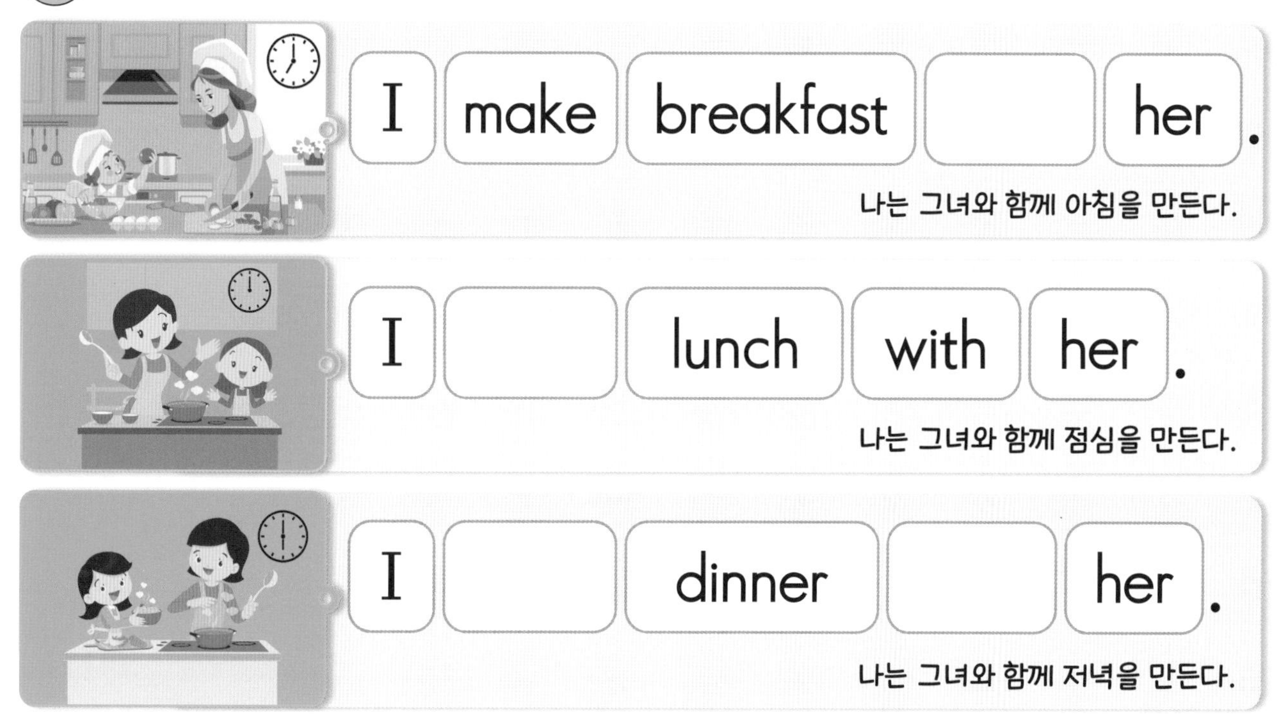

Open the door, please.

문을 열어 주세요.

열다

따라 쓰기 open open

제발, 부디

따라 쓰기 please

01 오늘의 단어를 찾아 색칠해 보세요.

open

open	opp	pot
opera	open	hope
open	opps	often

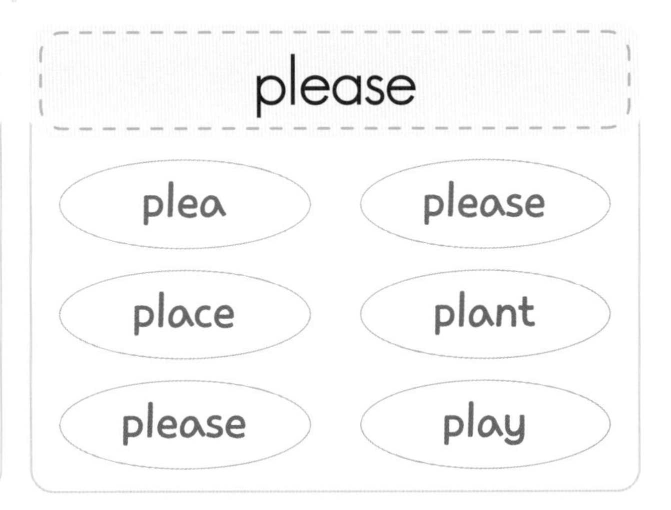

02 빈칸에 단어를 완성하고 스스로 써 보세요.

스스로 쓰기

o ☐ e ☐ →

☐ p ☐ n →

☐ l ☐ ☐ s ☐ →

open, please와 같이 쓰이는
단어들도 함께 배워 봐요.

03 open, please와 자주 쓰이는 단어를 따라 써 보세요.

door 문	Open the door, please. 문을 열어 주세요.
window 창문	Open the window, please. 창문을 열어 주세요.
gate 대문	Open the gate, please. 대문을 열어 주세요.

04 빈칸에 알맞은 단어를 넣어 통문장을 완성해 보세요.

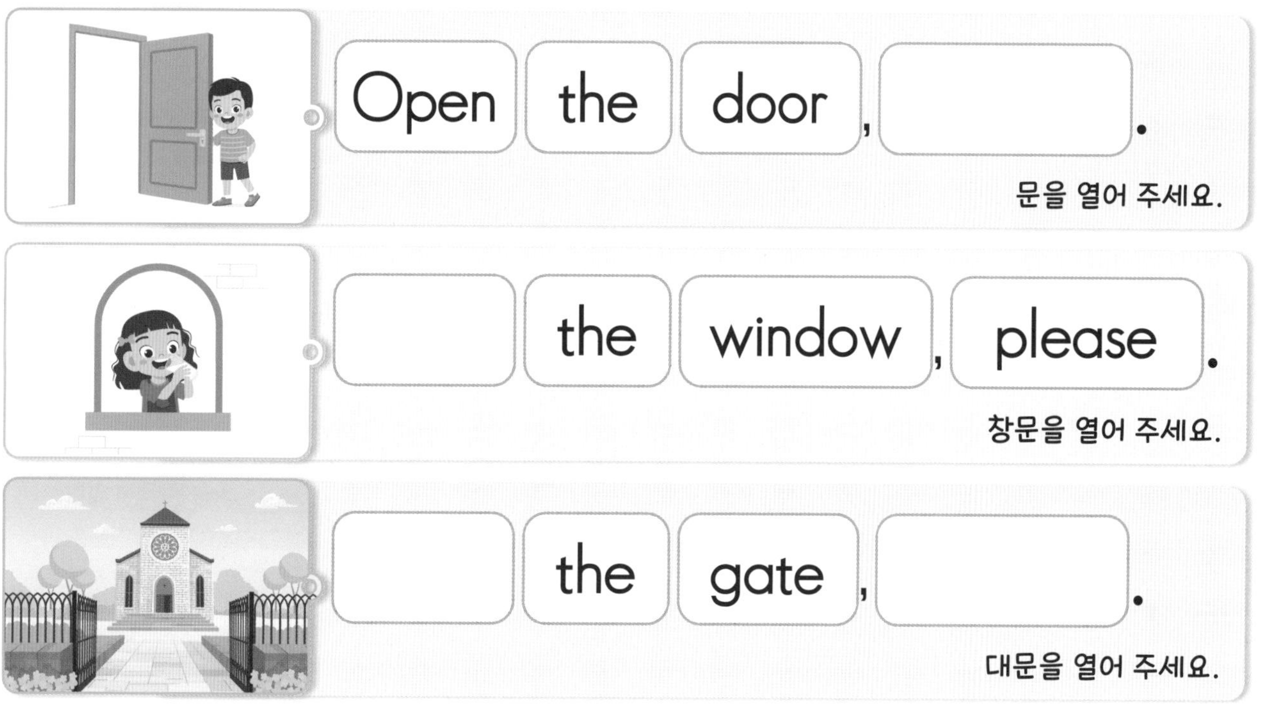

REVIEW 06 통문장 연습하기 _ Unit 11 & 12

다음 통문장을 큰소리로 읽으면서 써 보세요.

01 It's too small.

그것은 너무 작다.

⇒ It's too small.

she's 그녀는 너무 작다.

⇒ too small.

they're 그것들은 너무 작다.

⇒

02 The cow is not big.

그 소는 크지 않다.

⇒ The cow is not big.

duck 그 오리는 크지 않다.

⇒ The is not big.

bear 그 곰은 크지 않다.

⇒

03 I make breakfast with her.

나는 그녀와 함께 아침을 만든다.

⇒ I make breakfast with her.

lunch 나는 그녀와 함께 점심을 만든다.

⇒ I make ______ with her.

dinner 나는 그녀와 함께 저녁을 만든다.

⇒

04 Open the door, please.

문을 열어 주세요.

⇒ Open the door, please.

window 창문을 열어 주세요.

⇒ Open the ______, please.

gate 대문을 열어 주세요.

⇒

CHAPTER 03

미리 배우는 단어 리스트

1st 단어 읽기

please 제발, 부디	can ~할 수 있다	Can you 너는 ~할 수 있니?	tape 테이프	paper 종이	ribbon 리본
shout 소리치다	sit 앉다	eat 먹다	slowly 천천히	fast 빨리	together 함께
cap (챙이 달린) 모자	dress 드레스	T-shirt 티셔츠	chair 의자	table 탁자	desk 책상
school 학교	bed 침대	tea 차	camping 캠핑하기	fishing 낚시하기	shopping 쇼핑하기
name 이름	story 이야기	song 노래	bus 버스	train 기차	subway 지하철
bike 자전거	boat 배	horse 말	meet 만나다	drink 마시다	paint 페이트를 칠하다

* 위의 단어와 비교해 보세요.

2nd 단어 찾아 쓰기

please 제발, 부디	can ~할 수 있다	Can you 너는 ~할 수 있니?	tape 테이프	paper 종이	ribbon 리본
소리치다	sit 앉다	eat 먹다	천천히	fast 빨리	함께
cap (챙이 달린) 모자	dress 드레스	티셔츠	chair 의자	table 탁자	책상
school 학교	bed 침대	tea 차	캠핑하기	fishing 낚시하기	shopping 쇼핑하기
이름	story 이야기	song 노래	bus 버스	기차	subway 지하철
bike 자전거	배	horse 말	만나다	drink 마시다	paint 페이트를 칠하다

☑ 일별 체크리스트

Unit 13

_____ 월 _____ 일 나의 평가는? ☆☆☆☆☆

Unit 14

_____ 월 _____ 일 나의 평가는? ☆☆☆☆☆

Unit 15

_____ 월 _____ 일 나의 평가는? ☆☆☆☆☆

Unit 16

_____ 월 _____ 일 나의 평가는? ☆☆☆☆☆

Unit 17

_____ 월 _____ 일 나의 평가는? ☆☆☆☆☆

Unit 18

_____ 월 _____ 일 나의 평가는? ☆☆☆☆☆

이렇게 함께 해요.

- ☑ 공부할 날짜 쓰기
- ☑ 공부할 QR을 찍고 음원 듣기
- ☑ 공부가 끝나면 내가 칠한 별 개수로 칭찬하기

오늘 나의 기분은?

MEMO

Help me, please.

나를 도와주세요.

01 오늘의 단어를 찾아 색칠해 보세요.

help

help	heal	elf
hold	help	heel
head	heat	help

me

no	am	me
my	mat	me
me	mug	mom

02 빈칸에 단어를 완성하고 스스로 써 보세요.

스스로 쓰기

h ☐ ☐ p ☐ e l ☐ →

☐ e m ☐ →

help, me와 같이 쓰이는
단어들도 함께 배워 봐요.

03 help, me와 자주 쓰이는 단어와 표현을 따라 써 보세요.

please 제발, 부디	Help me, please. 나를 도와주세요.
can ~할 수 있다	He can help me. 그는 나를 도와줄 수 있다.
Can you 너는 ~할 수 있니?	Can you help me? 너는 나를 도와줄 수 있니?

04 빈칸에 알맞은 단어를 넣어 통문장을 완성해 보세요.

Help ______, please.
나를 도와주세요.

He can ______ me.
그는 나를 도와줄 수 있다.

Can you ______ ______?
너는 나를 도와줄 수 있니?

Cut the red tape.

빨간 테이프를 잘라라.

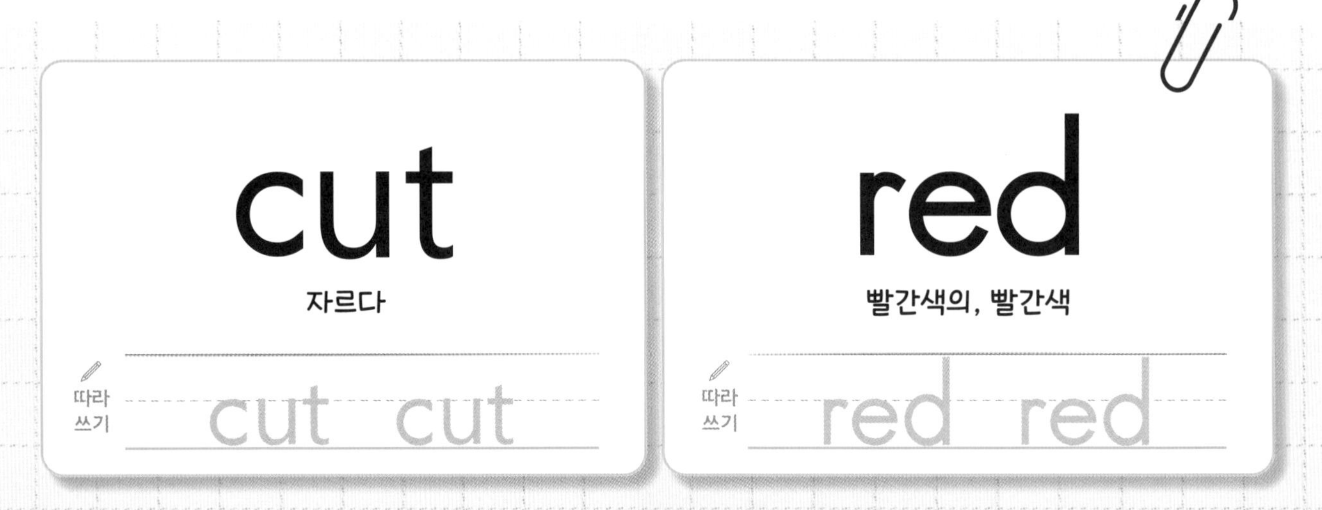

01 오늘의 단어를 찾아 색칠해 보세요.

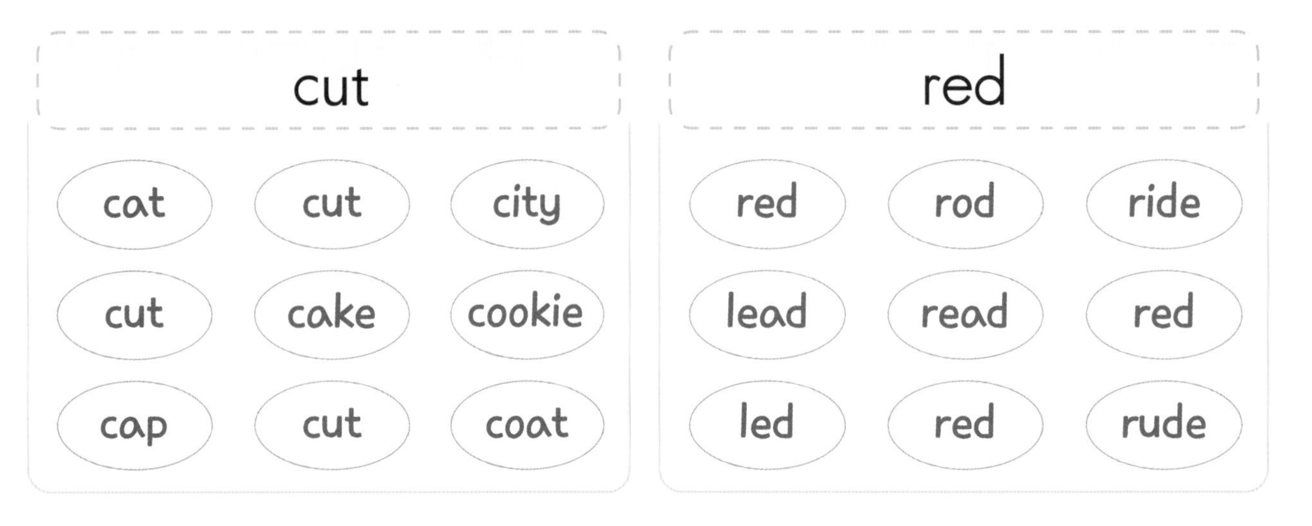

02 빈칸에 단어를 완성하고 스스로 써 보세요.

스스로 쓰기

☐ u ☐ c ☐ t →

r ☐ d ☐ e ☐ →

cut, red와 같이 쓰이는
단어들도 함께 배워 봐요.

03 cut, red와 자주 쓰이는 단어를 따라 써 보세요.

tape 테이프	Cut the red tape. 빨간 테이프를 잘라라.
paper 종이	Cut the red paper. 빨간 종이를 잘라라.
ribbon 리본	Cut the red ribbon. 빨간 리본을 잘라라.

04 빈칸에 알맞은 단어를 넣어 통문장을 완성해 보세요.

Cut the ______ tape.
빨간 테이프를 잘라라.

______ the red paper.
빨간 종이를 잘라라.

______ the ______ ribbon.
빨간 리본을 잘라라.

Don't shout here.

여기서 소리치지 마라.

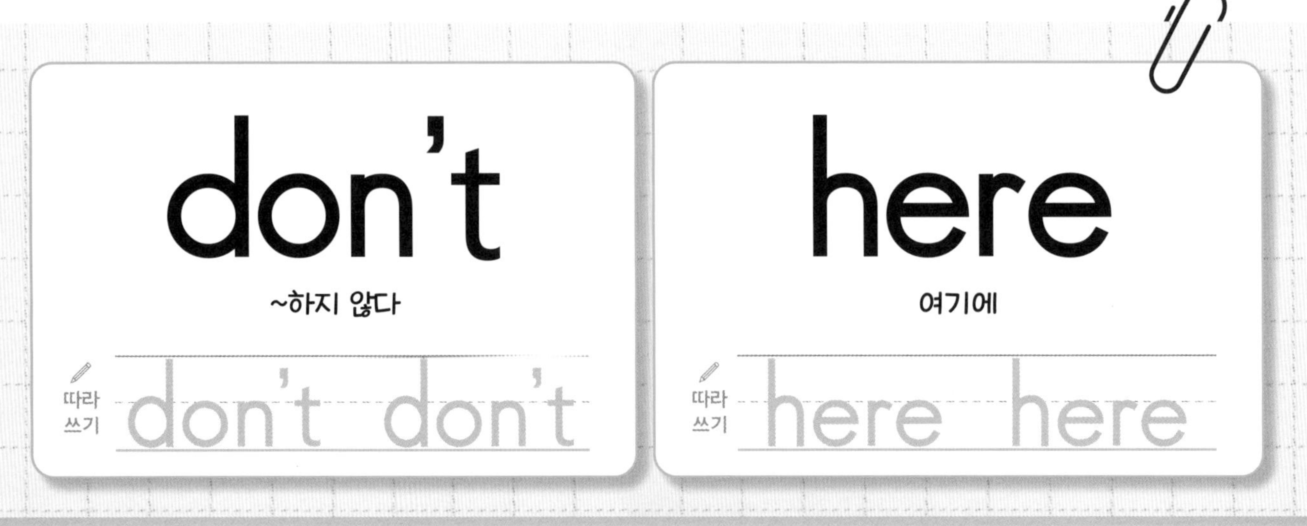

01 오늘의 단어를 찾아 색칠해 보세요.

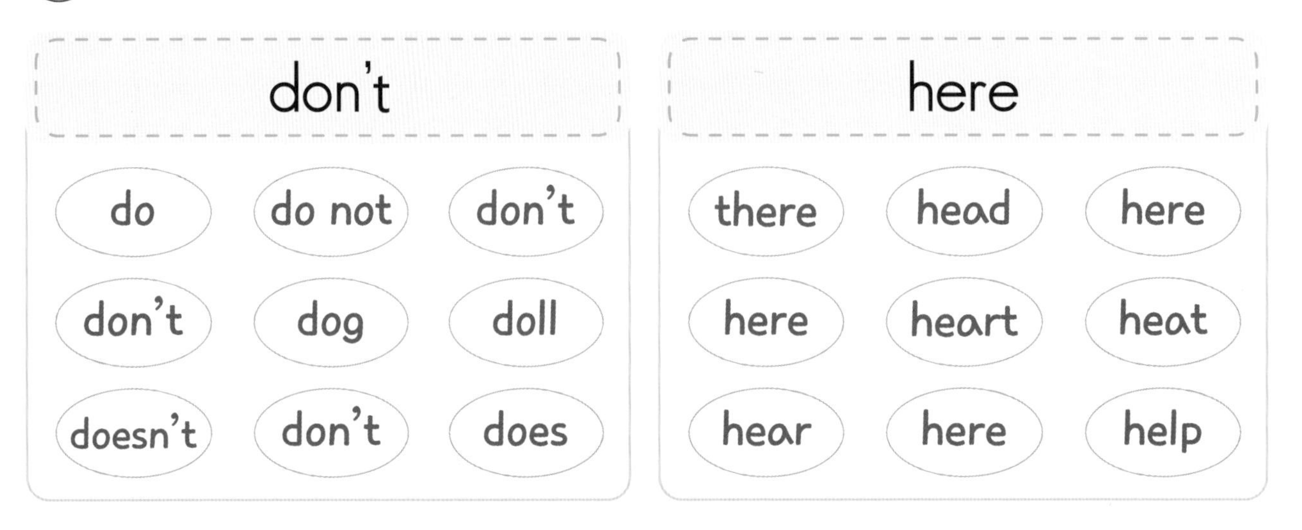

02 빈칸에 단어를 완성하고 스스로 써 보세요.

스스로 쓰기

d ☐ n' ☐ ☐ o ☐ t →

☐ e r ☐ h ☐ ☐ e →

don't, here와 같이 쓰이는
단어들도 함께 배워 봐요.

03 don't, here와 자주 쓰이는 단어를 따라 써 보세요.

shout 소리치다	Don't shout here.	여기서 소리치지 마라.
sit 앉다	Don't sit here.	여기에 앉지 마라.
eat 먹다	Don't eat here.	여기서 먹지 마라.

04 빈칸에 알맞은 단어를 넣어 통문장을 완성해 보세요.

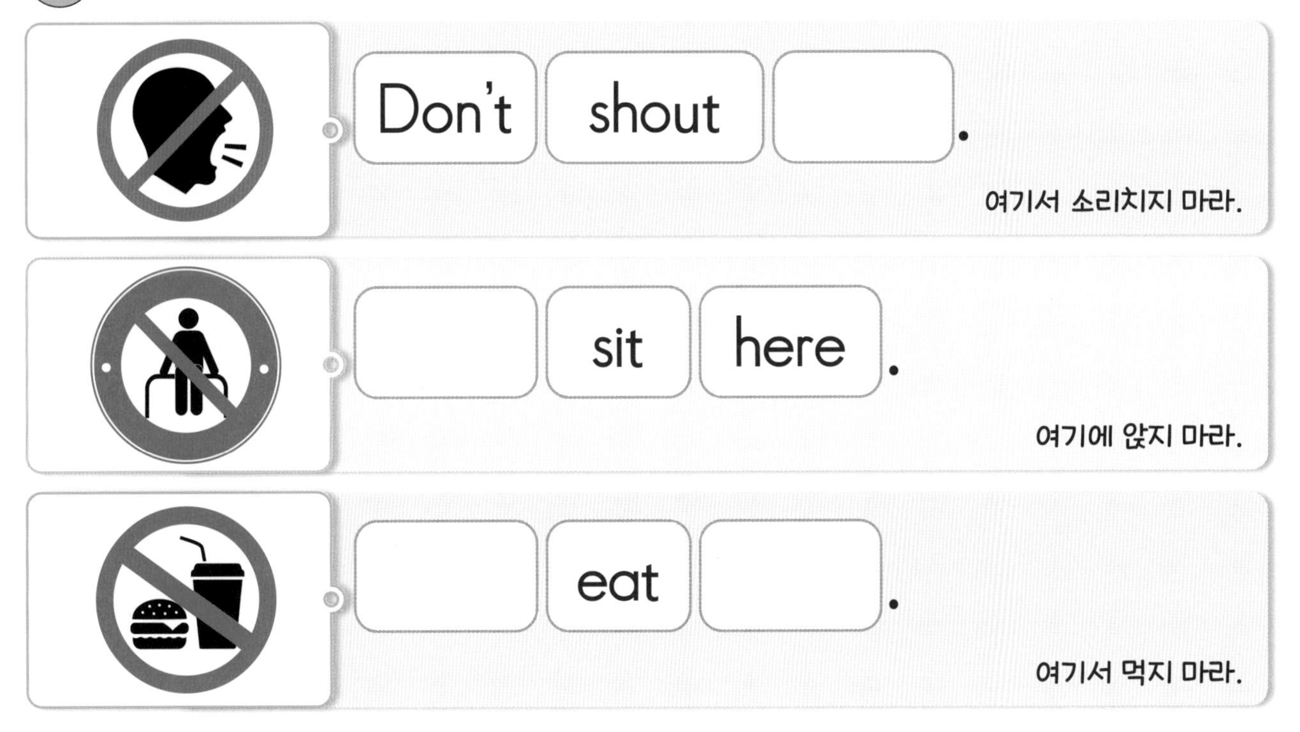

"Walk slowly," he said.

"천천히 걸어 가라"라고 그가 말했다.

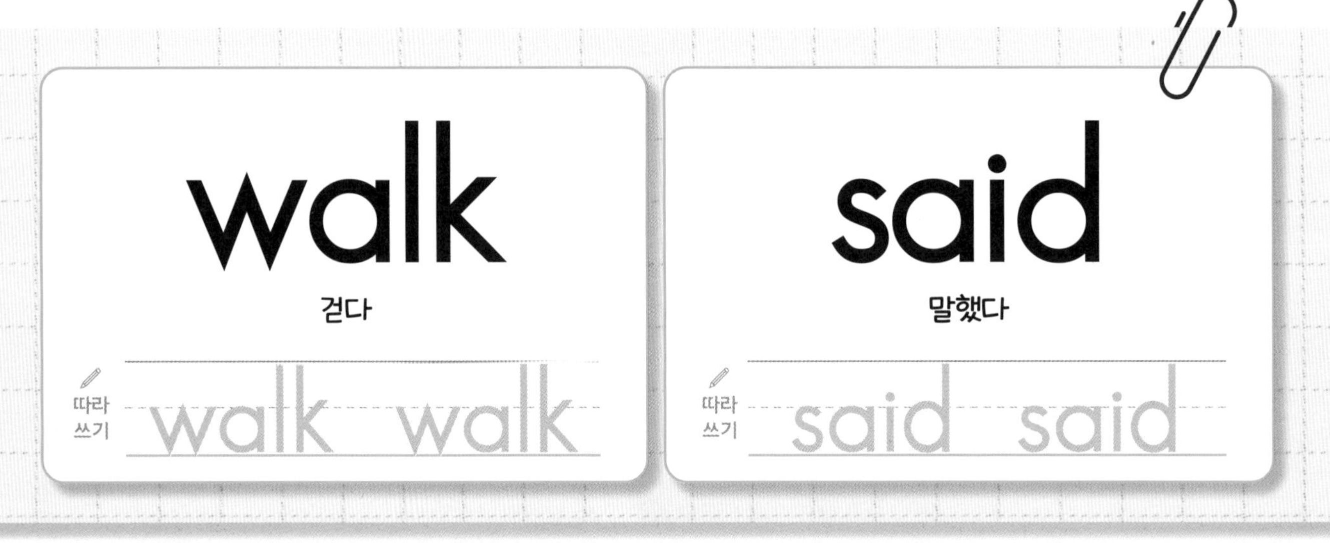

01 오늘의 단어를 찾아 색칠해 보세요.

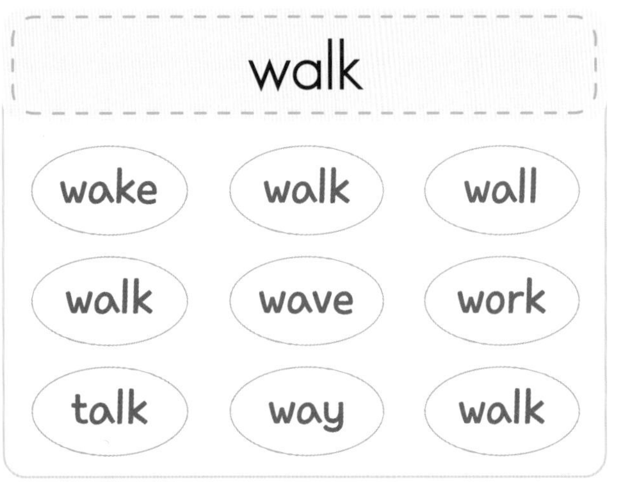

said

say	sat	said
said	save	safe
same	soy	said

02 빈칸에 단어를 완성하고 스스로 써 보세요.

스스로 쓰기

w ☐ l ☐ ☐ a ☐ k ⇒

s ☐ ☐ d ☐ a i ☐ ⇒

walk, said와 같이 쓰이는 단어들도 함께 배워 봐요.

03 walk, said와 자주 쓰이는 단어를 따라 써 보세요.

slowly 천천히	"Walk slowly," he said. "천천히 걸어 가라"라고 그가 말했다.
fast 빨리	"Walk fast," he said. "빨리 걸어 가라"라고 그가 말했다.
together 함께	"Walk together," he said. "함께 걸어 가라"라고 그가 말했다.

04 빈칸에 알맞은 단어를 넣어 통문장을 완성해 보세요.

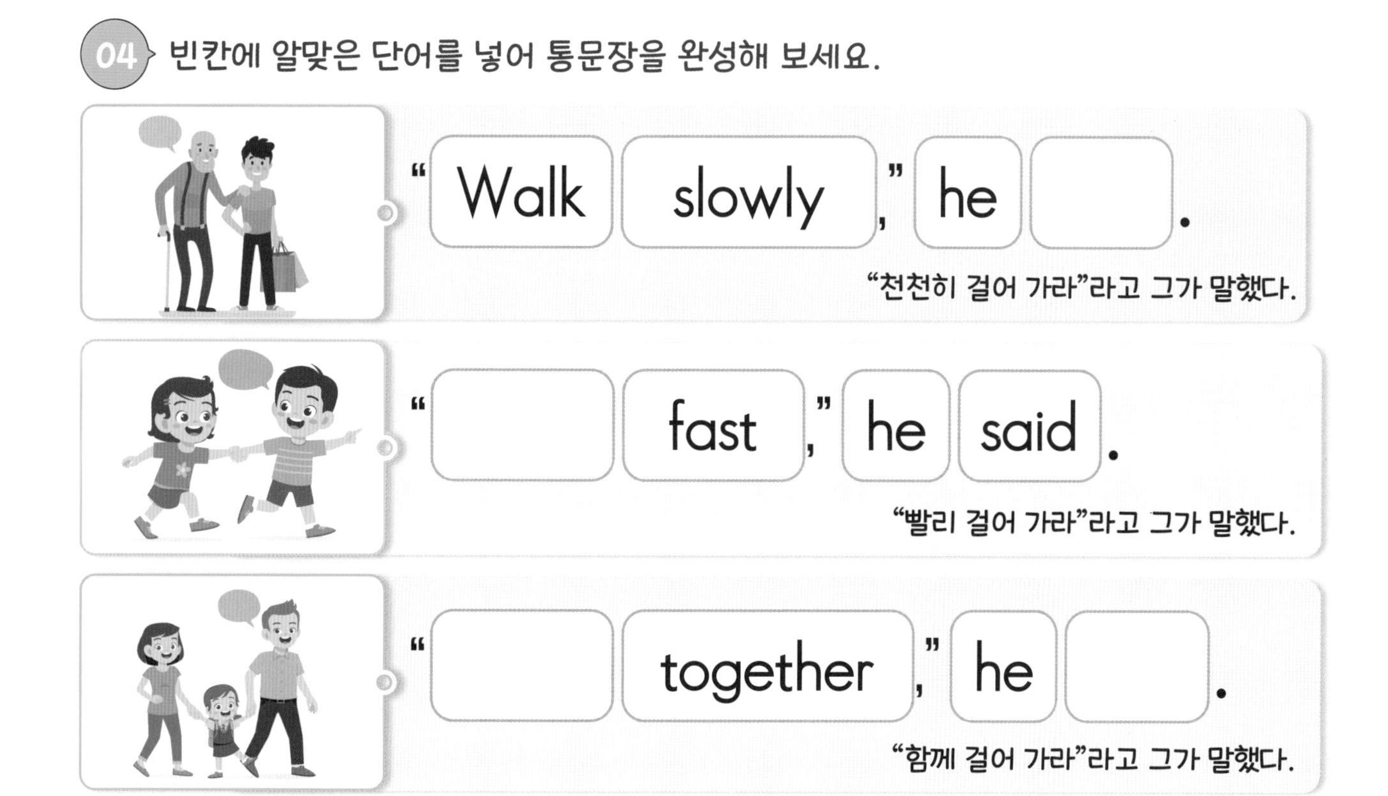

"Walk slowly," he ______.
"천천히 걸어 가라"라고 그가 말했다.

"______ fast," he said.
"빨리 걸어 가라"라고 그가 말했다.

"______ together," he ______.
"함께 걸어 가라"라고 그가 말했다.

REVIEW 07

통문장 연습하기 _ Unit 13 & 14

다음 통문장을 큰소리로 읽으면서 써 보세요.

01

Help me, please.

나를 도와주세요.

⇒ Help me, please.

can 그는 나를 도와줄 수 있다.

⇒ He help me.

Can you 너는 나를 도와줄 수 있니?

⇒

02

Cut the red tape.

빨간 테이프를 잘라라.

⇒ Cut the red tape.

paper 빨간 종이를 잘라라.

⇒ Cut the red .

ribbon 빨간 리본을 잘라라.

⇒

03 Don't shout here.

여기서 소리치지 마라.

⇒ Don't shout here.

sit

여기에 앉지 마라.

⇒ Don't here.

eat

여기서 먹지 마라.

⇒

04 "Walk slowly," he said.

"천천히 걸어 가라"라고 그가 말했다.

⇒ "Walk slowly," he said.

fast

"빨리 걸어 가라"라고 그가 말했다.

⇒ "Walk ," he said.

together

"함께 걸어 가라"라고 그가 말했다.

⇒

Where is your blue cap?

너의 파란색 모자는 어디에 있니?

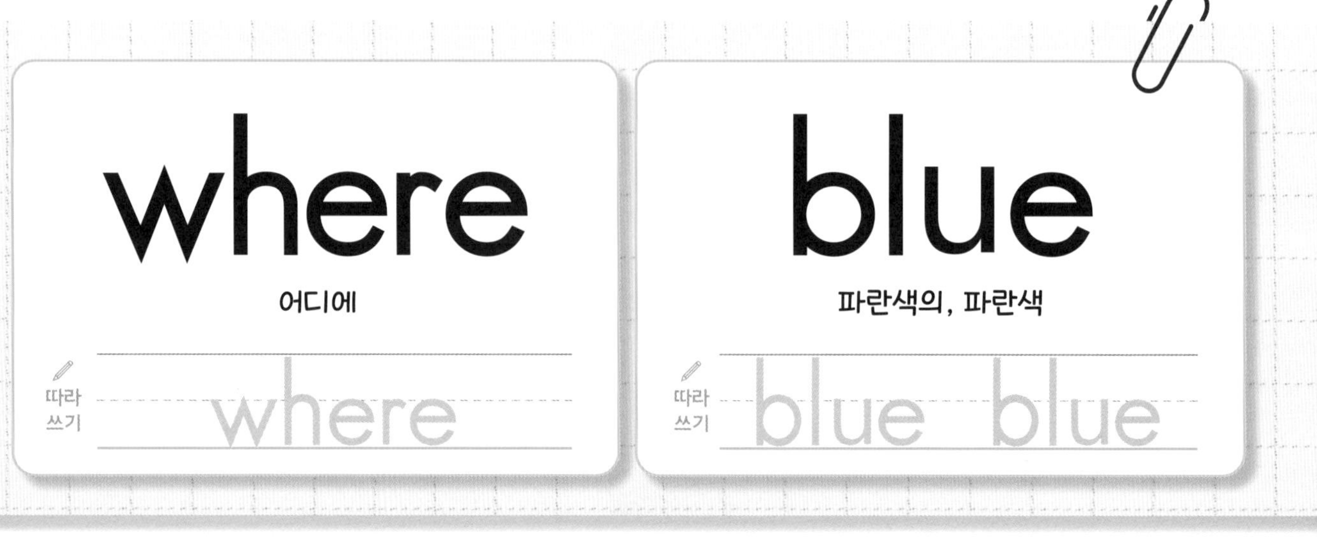

01 오늘의 단어를 찾아 색칠해 보세요.

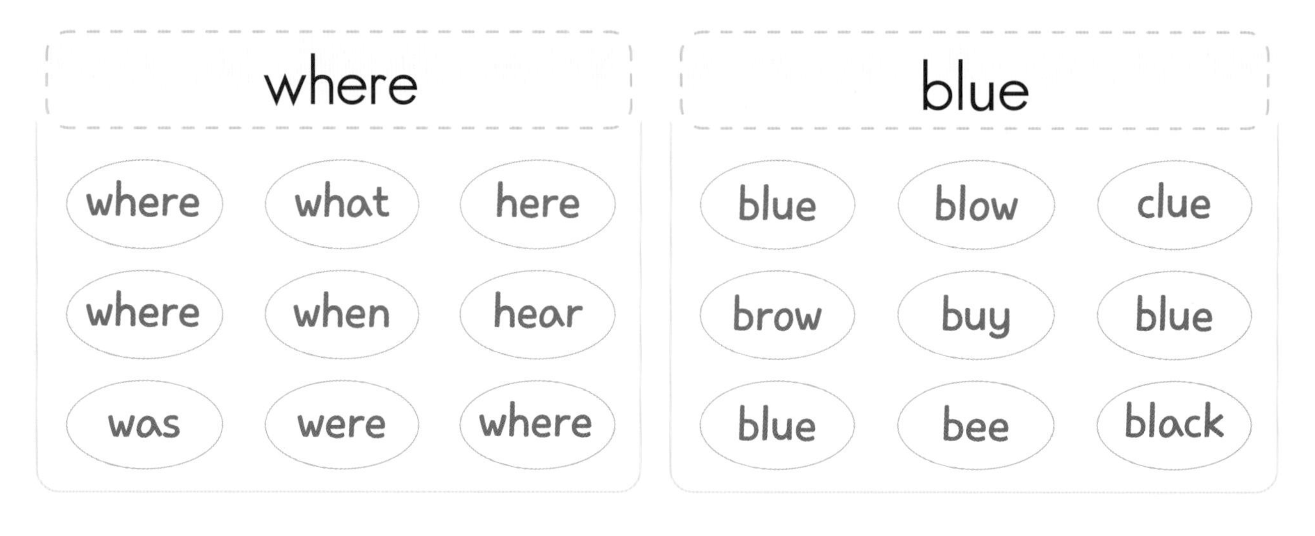

02 빈칸에 단어를 완성하고 스스로 써 보세요.

스스로 쓰기

w ☐ e ☐ ☐ ⇨

b ☐ ☐ e ☐ l u ☐ ⇨

where, blue와 같이 쓰이는
단어들도 함께 배워 봐요.

03 where, blue와 자주 쓰이는 단어를 따라 써 보세요.

cap (챙이 달린) 모자	Where is your blue cap? 너의 파란색 모자는 어디에 있니?
dress 드레스	Where is your blue dress? 너의 파란색 드레스는 어디에 있니?
T-shirt 티셔츠	Where is your blue T-shirt? 너의 파란색 티셔츠는 어디에 있니?

04 빈칸에 알맞은 단어를 넣어 통문장을 완성해 보세요.

Where is your ______ cap?
너의 파란색 모자는 어디에 있니?

______ is your blue dress?
너의 파란색 드레스는 어디에 있니?

______ is your ______ T-shirt?
너의 파란색 티셔츠는 어디에 있니?

He was under the chair.

그는 의자 아래에 있었다.

01 오늘의 단어를 찾아 색칠해 보세요.

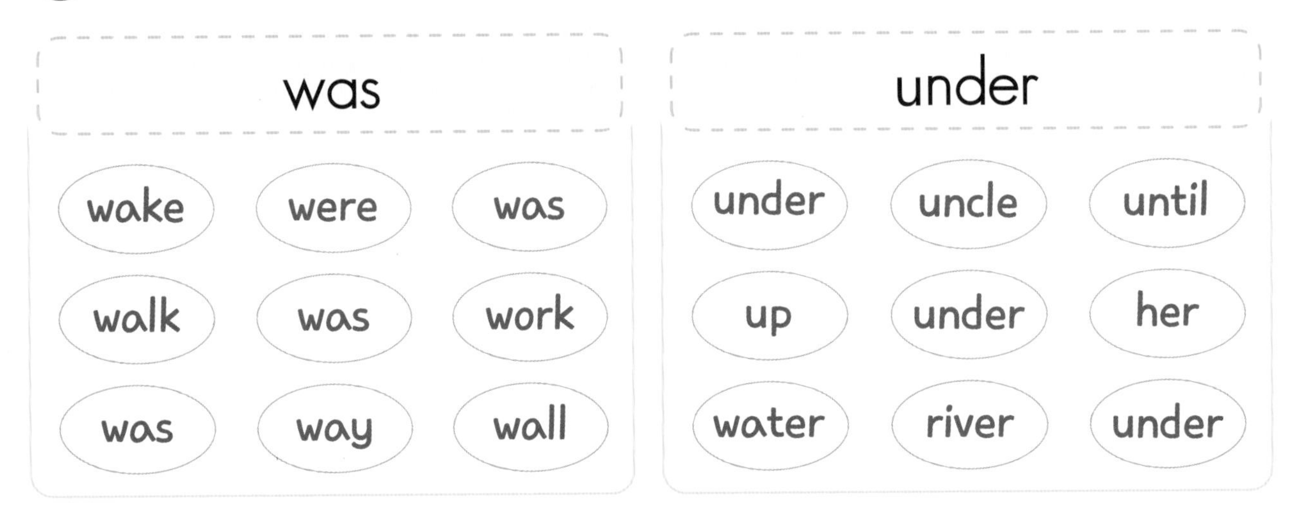

02 빈칸에 단어를 완성하고 스스로 써 보세요.

스스로 쓰기

☐ a ☐ w ☐ s →

☐ n ☐ e ☐ →

was, under와 같이 쓰이는 단어들도 함께 배워 봐요.

03 was, under와 자주 쓰이는 단어를 따라 써 보세요.

chair 의자	He was under the chair. 그는 의자 아래에 있었다.
table 탁자	It was under the table. 그것은 탁자 아래에 있었다.
desk 책상	She was under the desk. 그녀는 책상 아래에 있었다.

04 빈칸에 알맞은 단어를 넣어 통문장을 완성해 보세요.

He | was | ______ | the chair .

그는 의자 아래에 있었다.

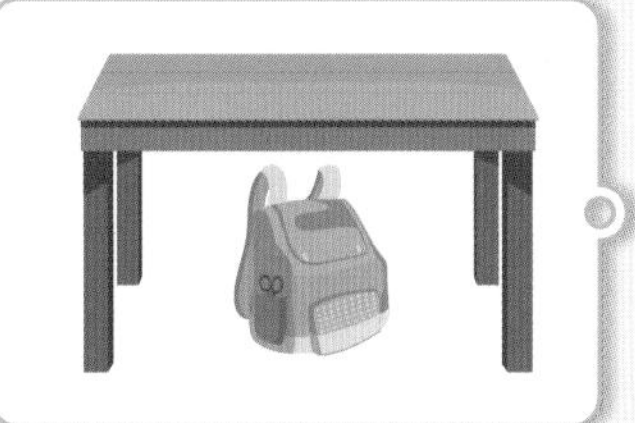

It | ______ | under | the table .

그것은 탁자 아래에 있었다.

She | ______ | ______ | the desk .

그녀는 책상 아래에 있었다.

It's time for school.

학교에 갈 시간이다.

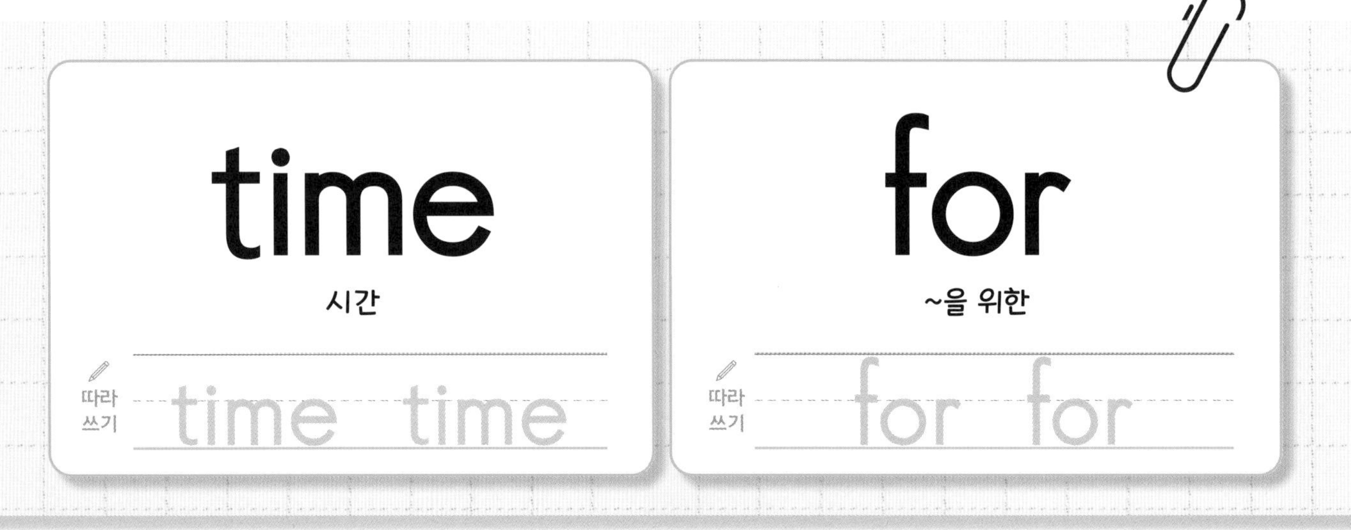

01 오늘의 단어를 찾아 색칠해 보세요.

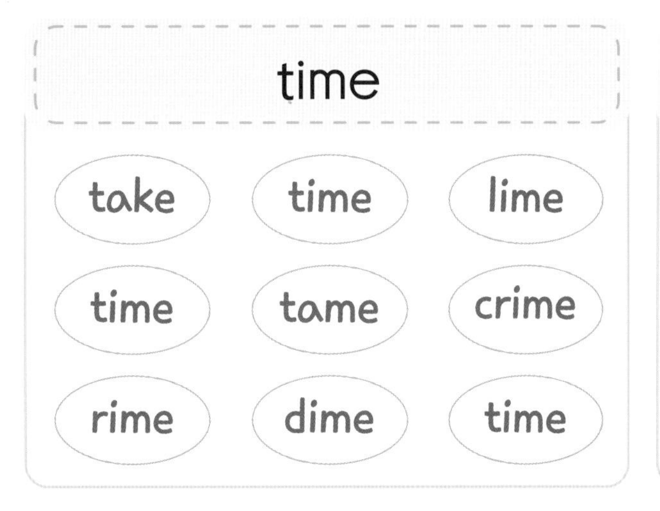

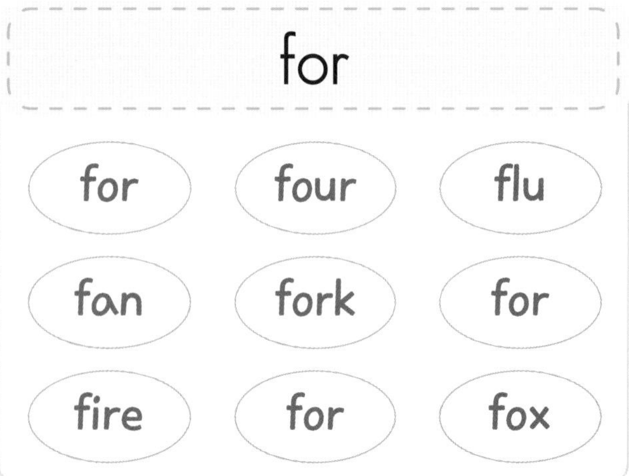

02 빈칸에 단어를 완성하고 스스로 써 보세요.

스스로 쓰기

t ☐ m ☐   ☐ i ☐ e ⇨

☐ o ☐   f ☐ r ⇨

time, for와 같이 쓰이는
단어들도 함께 배워 봐요.

03 time, for와 자주 쓰이는 단어를 따라 써 보세요.

04 빈칸에 알맞은 단어를 넣어 통문장을 완성해 보세요.

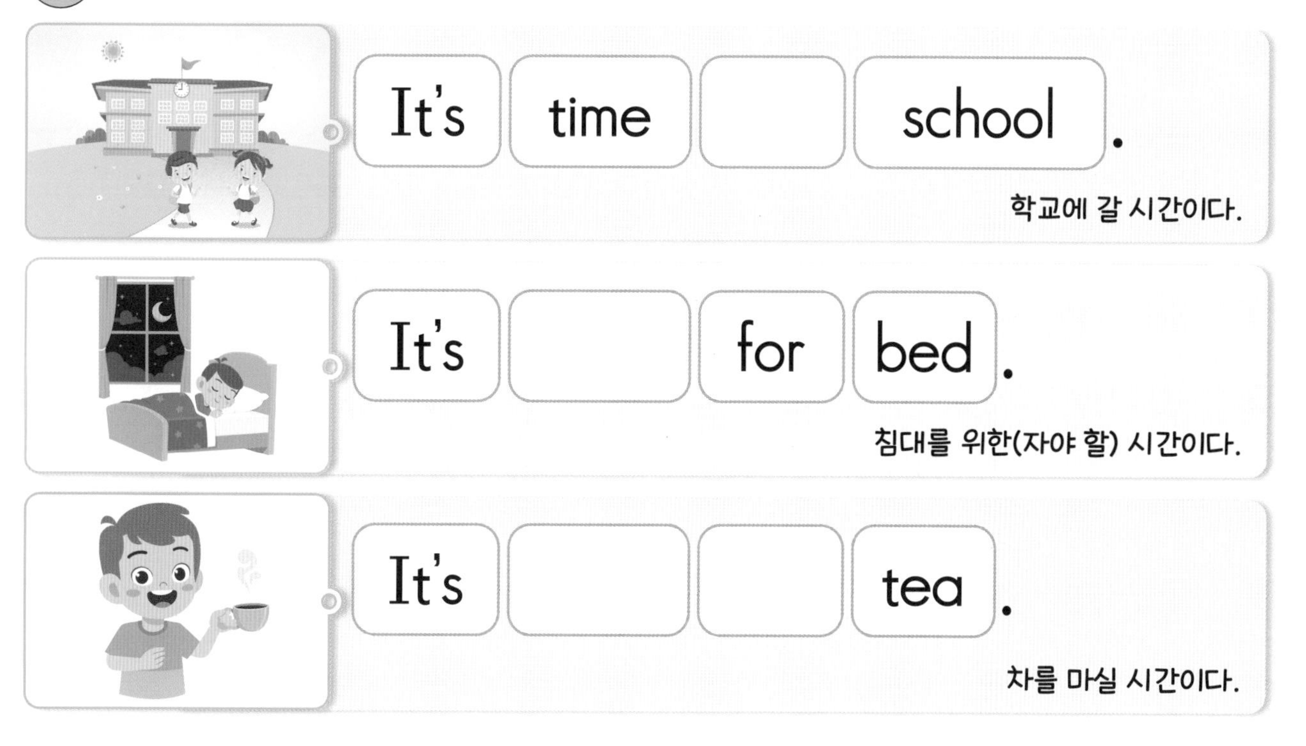

Let's go camping.

캠핑하러 가자.

01 오늘의 단어를 찾아 색칠해 보세요.

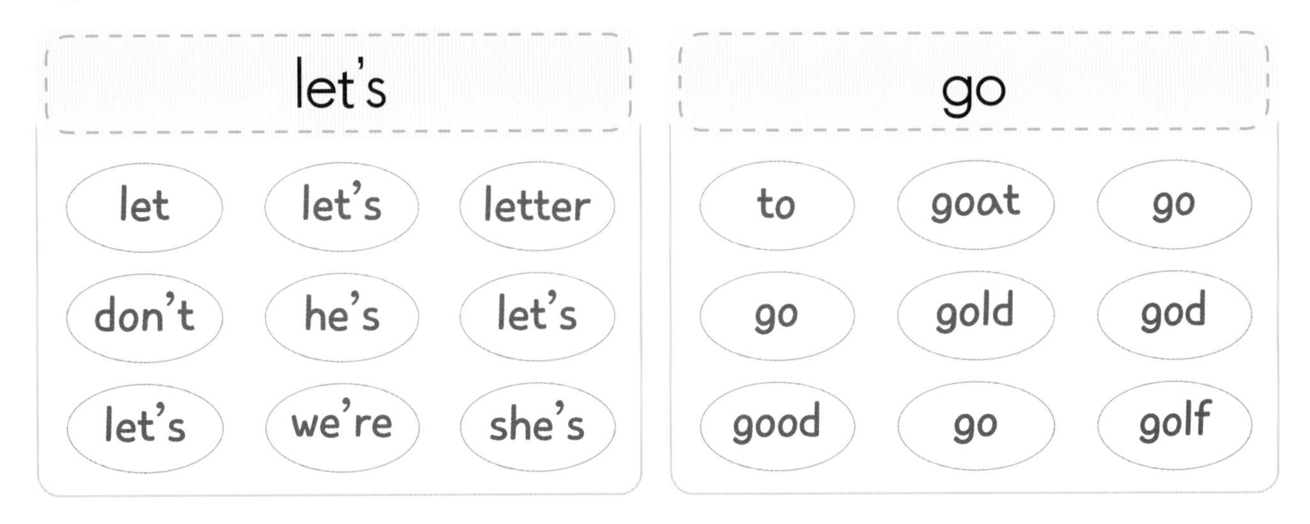

02 빈칸에 단어를 완성하고 스스로 써 보세요.

스스로 쓰기

l ☐ t' ☐ ☐ e ☐ s ⇨

g ☐ ☐ o ⇨

let's, go와 같이 쓰이는
단어들도 함께 배워 봐요.

 let's, go와 자주 쓰이는 단어를 따라 써 보세요.

camping 캠핑	Let's go camping.	캠핑하러 가자.
fishing 낚시	Let's go fishing.	낚시하러 가자.
shopping 쇼핑	Let's go shopping.	쇼핑하러 가자.

04 빈칸에 알맞은 단어를 넣어 통문장을 완성해 보세요.

Let's [ ] camping.
캠핑하러 가자.

[ ] go fishing.
낚시하러 가자.

[ ] [ ] shopping.
쇼핑하러 가자.

REVIEW 08 통문장 연습하기 _ Unit 15 & 16

다음 통문장을 큰소리로 읽으면서 써 보세요.

01

Where is your blue cap?

너의 파란색 모자는 어디에 있니?

⇒ Where is your blue cap?

dress 너의 파란색 드레스는 어디에 있니?

⇒ Where is your blue ?

T-shirt 너의 파란색 티셔츠는 어디에 있니?

⇒

02

He was under the chair.

그는 의자 아래에 있었다.

⇒ He was under the chair.

table 그것은 탁자 아래에 있었다.

⇒ It was under the .

desk 그녀는 책상 아래에 있었다.

⇒

03 It's time for school.

학교에 갈 시간이다.

⇒ It's time for school.

bed 침대를 위한(자야 할) 시간이다.

⇒ It's time for .

tea 차를 마실 시간이다.

⇒

04 Let's go camping.

캠핑하러 가자.

⇒ Let's go camping.

fishing 낚시하러 가자.

⇒ Let's go .

shopping 쇼핑하러 가자.

⇒

I write our names.

나는 우리의 이름들을 쓴다.

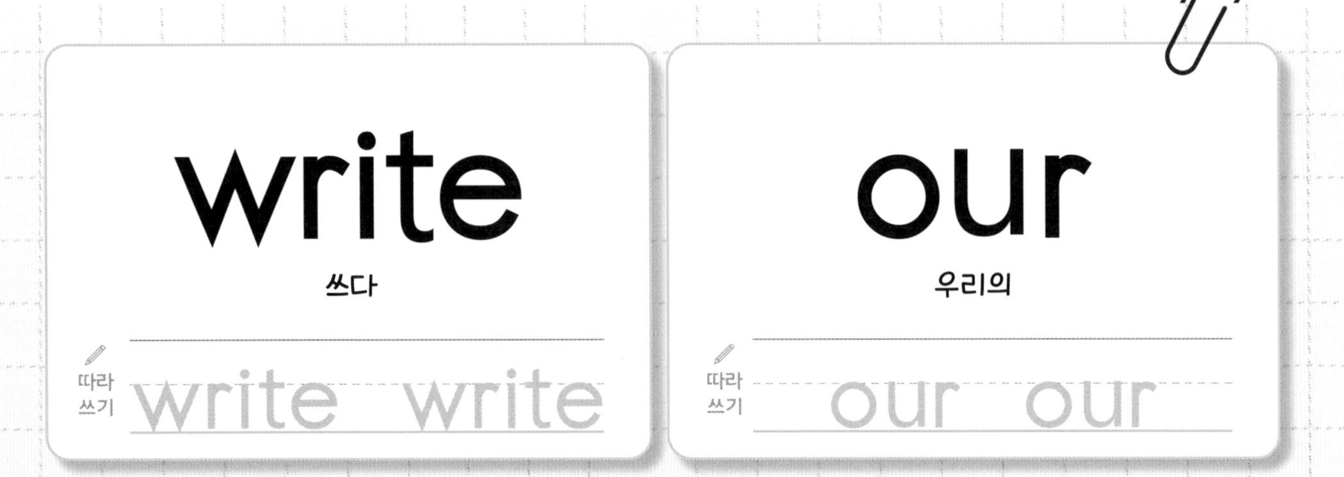

01 오늘의 단어를 찾아 색칠해 보세요.

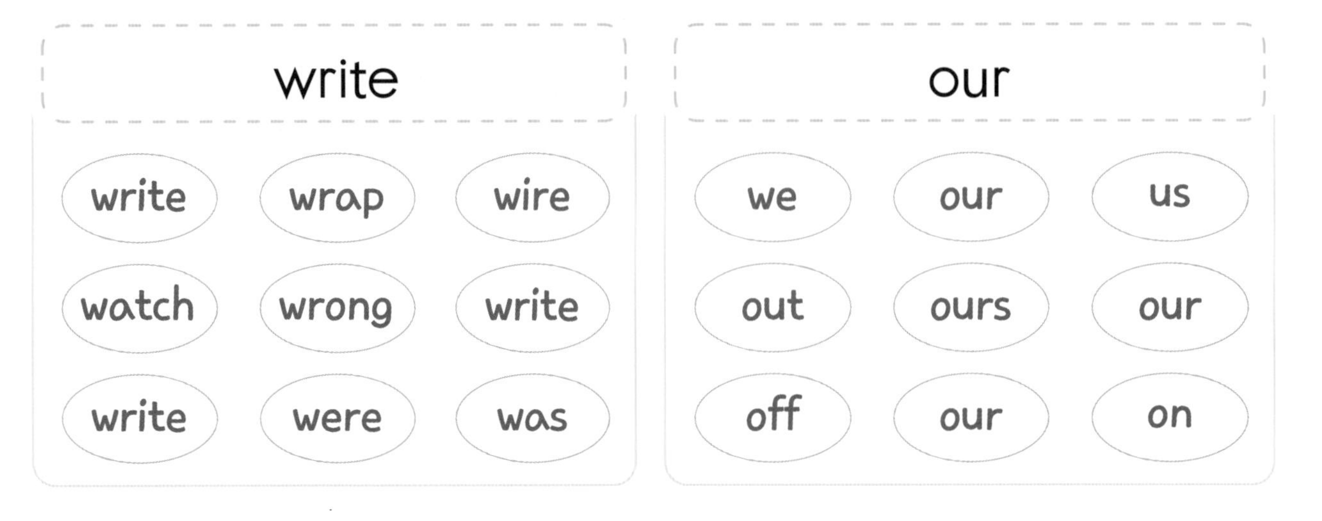

02 빈칸에 단어를 완성하고 스스로 써 보세요.

스스로 쓰기

w ☐ i ☐ ☐ ⇨

o ☐ r ☐ u ☐ ⇨

write, our와 같이 쓰이는
단어들도 함께 배워 봐요.

03 write, our와 자주 쓰이는 단어를 따라 써 보세요.

name 이름	I write our names. 나는 우리의 이름들을 쓴다.
story 이야기	I write our stories. 나는 우리의 이야기들을 쓴다.
song 노래	I write our songs. 나는 우리의 노래들을 쓴다.

04 빈칸에 알맞은 단어를 넣어 통문장을 완성해 보세요.

I write ____ names.

나는 우리의 이름들을 쓴다.

I ____ our stories.

나는 우리의 이야기들을 쓴다.

I ____ ____ songs.

나는 우리의 노래들을 쓴다.

Does the bus stop here?

그 버스는 여기에 멈추니?

01 오늘의 단어를 찾아 색칠해 보세요.

does		
do	does	did
does	dice	does
door	does	deep

stop		
stop	soap	soup
step	some	stop
still	stuff	stop

02 빈칸에 단어를 완성하고 스스로 써 보세요.

스스로 쓰기

☐ o e ☐ d ☐ ☐ s ⇨

s ☐ ☐ p ☐ t o ☐ ⇨

does, stop과 같이 쓰이는
단어들도 함께 배워 봐요.

03 does, stop과 자주 쓰이는 단어를 따라 써 보세요.

bus 버스	Does the bus stop here? 그 버스는 여기에 멈추니?
train 기차	Does the train stop here? 그 기차는 여기에 멈추니?
subway 지하철	Does the subway stop here? 그 지하철은 여기에 멈추니?

04 빈칸에 알맞은 단어를 넣어 통문장을 완성해 보세요.

Does | the bus | ____ | here ?

그 버스는 여기에 멈추니?

____ | the train | stop | here ?

그 기차는 여기에 멈추니?

____ | the subway | ____ | here ?

그 지하철은 여기에 멈추니?

We will ride bikes.

우리는 자전거들을 탈 것이다.

01 오늘의 단어를 찾아 색칠해 보세요.

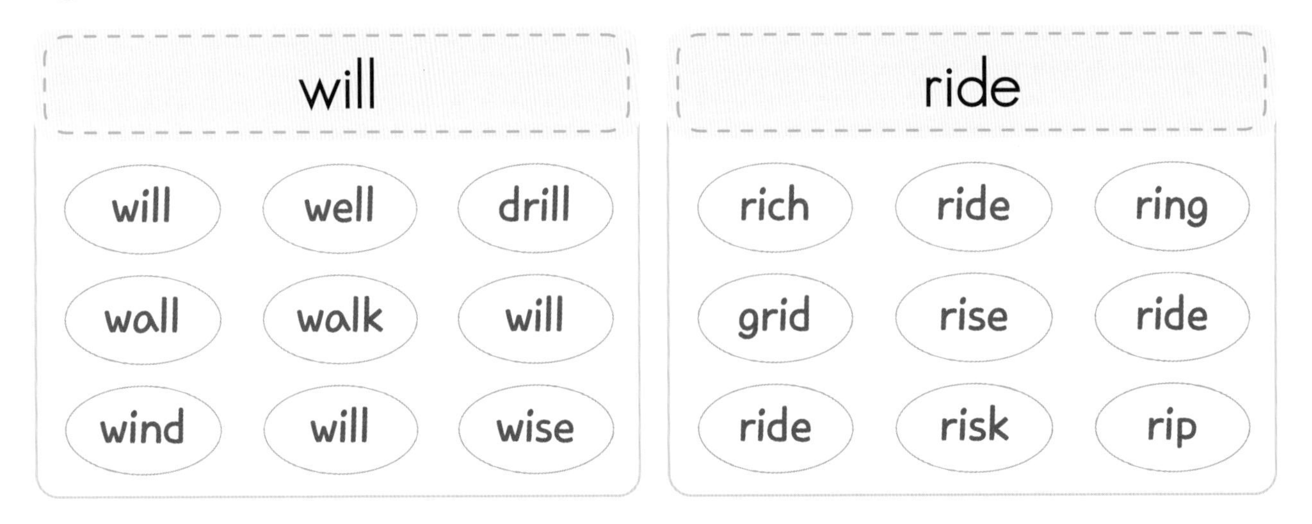

02 빈칸에 단어를 완성하고 스스로 써 보세요.

스스로 쓰기

w ☐ ☐ l ☐ i l ☐ ⇨

☐ i d ☐ r ☐ ☐ e ⇨

will, ride와 같이 쓰이는
단어들도 함께 배워 봐요.

03 will, ride와 자주 쓰이는 단어를 따라 써 보세요.

bike 자전거	We will ride bikes. 우리는 자전거들을 탈 것이다.
boat 배	We will ride boats. 우리는 배들을 탈 것이다.
horse 말	We will ride horses. 우리는 말들을 탈 것이다.

04 빈칸에 알맞은 단어를 넣어 통문장을 완성해 보세요.

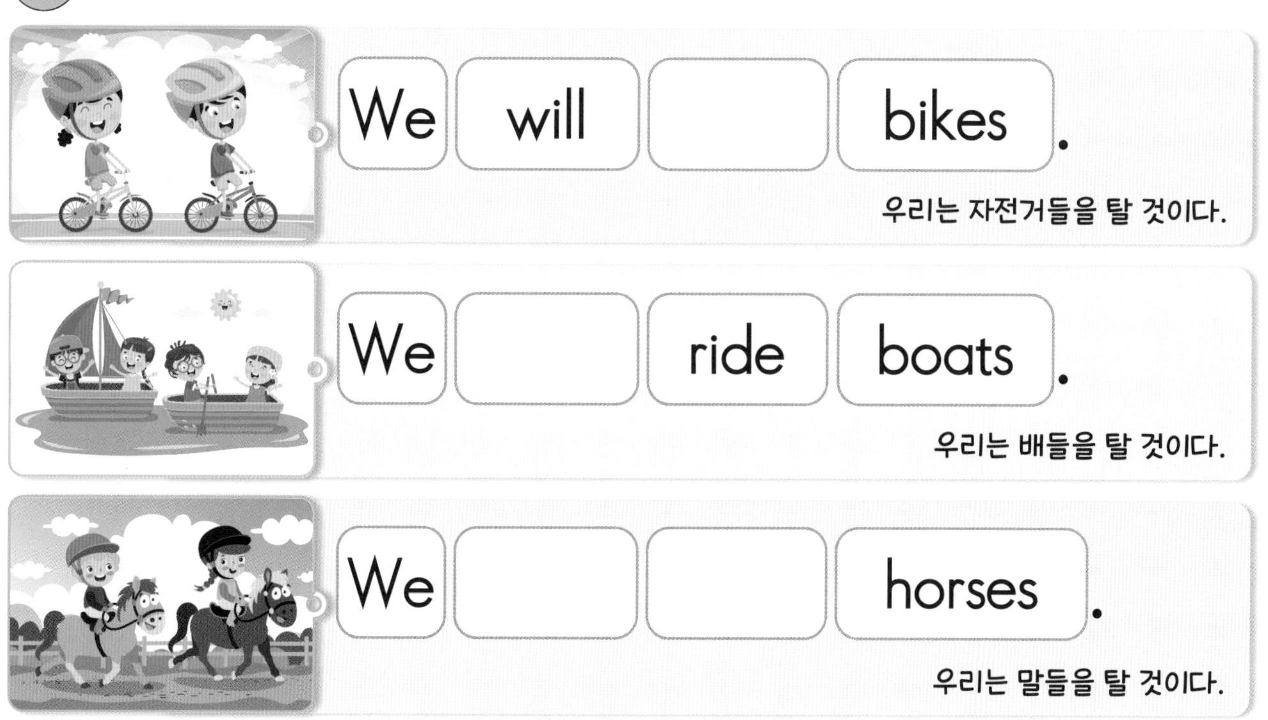

We will meet again soon.

우리는 다시 곧 만날 것이다.

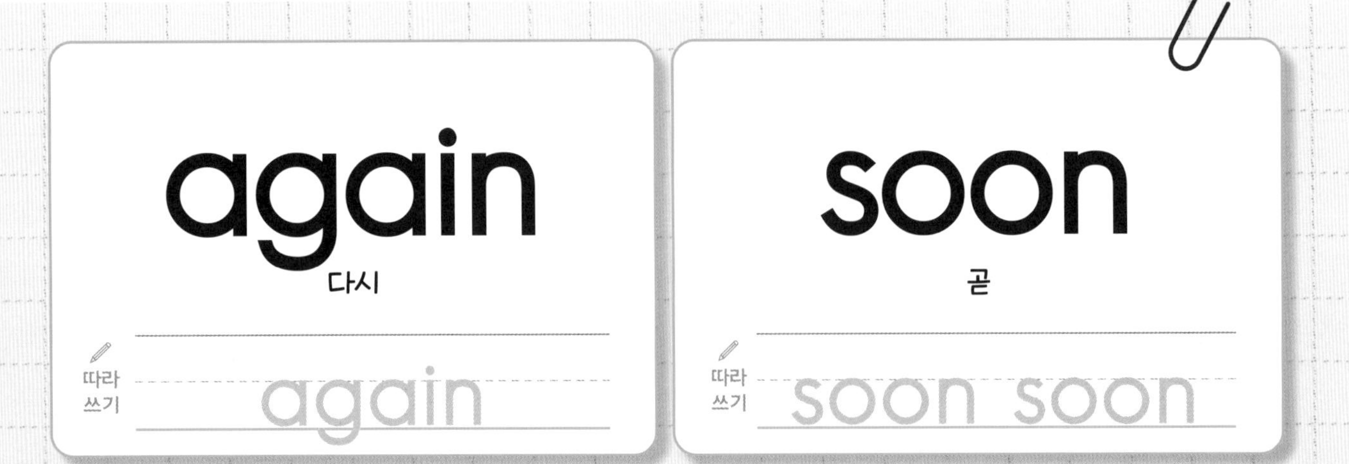

01 오늘의 단어를 찾아 색칠해 보세요.

again

again	gain	age
agree	gap	again
again	agate	against

soon

so	soon	soil
soon	some	soup
sour	hood	soon

02 빈칸에 단어를 완성하고 스스로 써 보세요.

스스로 쓰기

a ☐ a ☐ ☐ ⇨

s ☐ o ☐ ☐ o ☐ n ⇨

again, soon과 같이 쓰이는
단어들도 함께 배워 봐요.

03 again, soon과 자주 쓰이는 단어를 따라 써 보세요.

meet
만나다

We will meet again soon.
우리는 다시 곧 만날 것이다.

drink
마시다

We will drink again soon.
우리는 다시 곧 마실 것이다.

paint
페인트를 칠하다

We will paint again soon.
우리는 다시 곧 페인트를 칠할 것이다.

04 빈칸에 알맞은 단어를 넣어 통문장을 완성해 보세요.

We | will | meet | again | ____ .
우리는 다시 곧 만날 것이다.

We | will | drink | ____ | soon .
우리는 다시 곧 마실 것이다.

We | will | paint | ____ | ____ .
우리는 다시 곧 페인트를 칠할 것이다.

통문장 연습하기 _ Unit 17 & 18

다음 통문장을 큰소리로 읽으면서 써 보세요.

01

I write our names.

나는 우리의 이름들을 쓴다.

⇒ I write our names.

story 나는 우리의 이야기들을 쓴다.

⇒ I write our .

story가 여러 개일 때는 stories라고 써요.

song 나는 우리의 노래들을 쓴다.

⇒

02

Does the bus stop here?

그 버스는 여기에 멈추니?

⇒ Does the bus stop here?

train 그 기차는 여기에 멈추니?

⇒ Does the stop here?

subway 그 지하철은 여기에 멈추니?

⇒

03 We will ride bikes.

우리는 자전거들을 탈 것이다.

⇒ We will ride bikes.

boat

우리는 배들을 탈 것이다.

⇒ We will ride .

horse

우리는 말들을 탈 것이다.

⇒

04 We will meet again soon.

우리는 다시 곧 만날 것이다.

⇒ We will meet again soon.

drink

우리는 다시 곧 마실 것이다.

⇒ We will again soon.

paint

우리는 다시 곧 페인트를 칠할 것이다.

⇒

CHAPTER 04

미리 배우는 단어 리스트

1st 단어 읽기

boy 소년	girl 소녀	kid 아이	Korea 한국	Japan 일본	China 중국
key 열쇠	shoe 신발	glove 장갑	cook 요리하다	buy 사다	hear 듣다
cold 추운	hot 더운	cool 서늘한	coat 코트	pants 바지	jacket 재킷
help 도움	sleep 잠	money 돈	photo 사진	card 카드	album 앨범
eye 눈	ear 귀	nose 코	swim 수영하다	walk 걷다	climb 기어오르다
river 강	lake 호수	mountain 산	black 검은색, 검은색의	brown 갈색, 갈색의	white 하얀색, 하얀색의

* 위의 단어와 비교해 보세요.

2nd 단어 찾아 쓰기

boy 소년	소녀	kid 아이	Korea 한국	일본	China 중국
key 열쇠	신발	glove 장갑	요리하다	buy 사다	hear 듣다
cold 추운	hot 더운	서늘한	coat 코트	pants 바지	재킷
도움	sleep 잠	money 돈	사진	card 카드	album 앨범
eye 눈	귀	nose 코	swim 수영하다	walk 걷다	climb 기어오르다
river 강	호수	mountain 산	검은색, 검은색의	brown 갈색, 갈색의	white 하얀색, 하얀색의

☑ 일별 체크리스트

Unit 19

____ 월 ____ 일 나의 평가는? ☆☆☆☆☆

Unit 20

____ 월 ____ 일 나의 평가는? ☆☆☆☆☆

Unit 21

____ 월 ____ 일 나의 평가는? ☆☆☆☆☆

Unit 22

____ 월 ____ 일 나의 평가는? ☆☆☆☆☆

Unit 23

____ 월 ____ 일 나의 평가는? ☆☆☆☆☆

Unit 24

____ 월 ____ 일 나의 평가는? ☆☆☆☆☆

이렇게 함께 해요.

- ☑ 공부할 날짜 쓰기
- ☑ 공부할 QR을 찍고 음원 듣기
- ☑ 공부가 끝나면 내가 칠한 별 개수로 칭찬하기

오늘 나의 기분은?

MEMO

Who is that boy?

저 소년은 누구니?

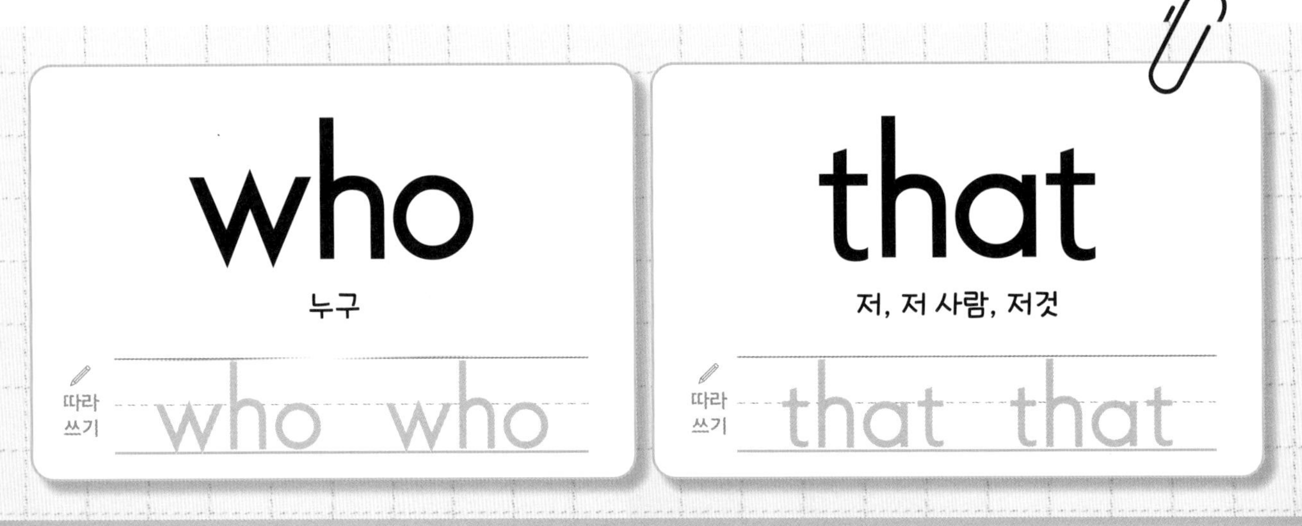

01 오늘의 단어를 찾아 색칠해 보세요.

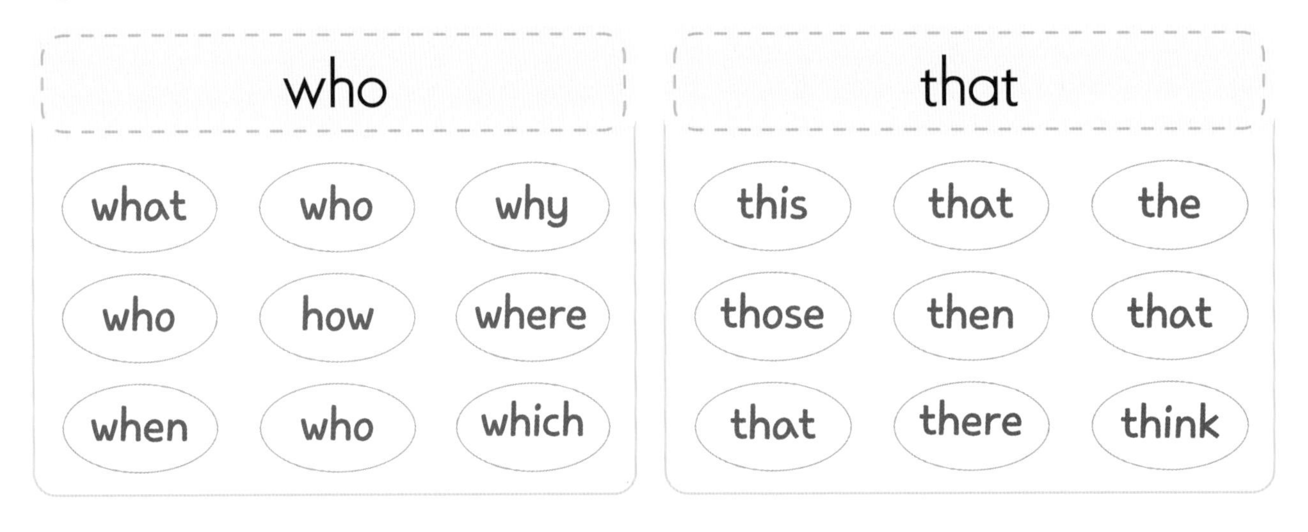

02 빈칸에 단어를 완성하고 스스로 써 보세요.

스스로 쓰기

w ☐ o →

☐ h ☐ →

☐ h a ☐ →

t ☐ ☐ t →

03 who, that과 자주 쓰이는 단어를 따라 써 보세요.

boy
소년

Who is that boy?
저 소년은 누구니?

girl
소녀

Who is that girl?
저 소녀는 누구니?

kid
아이

Who is that kid?
저 아이는 누구니?

04 빈칸에 알맞은 단어를 넣어 통문장을 완성해 보세요.

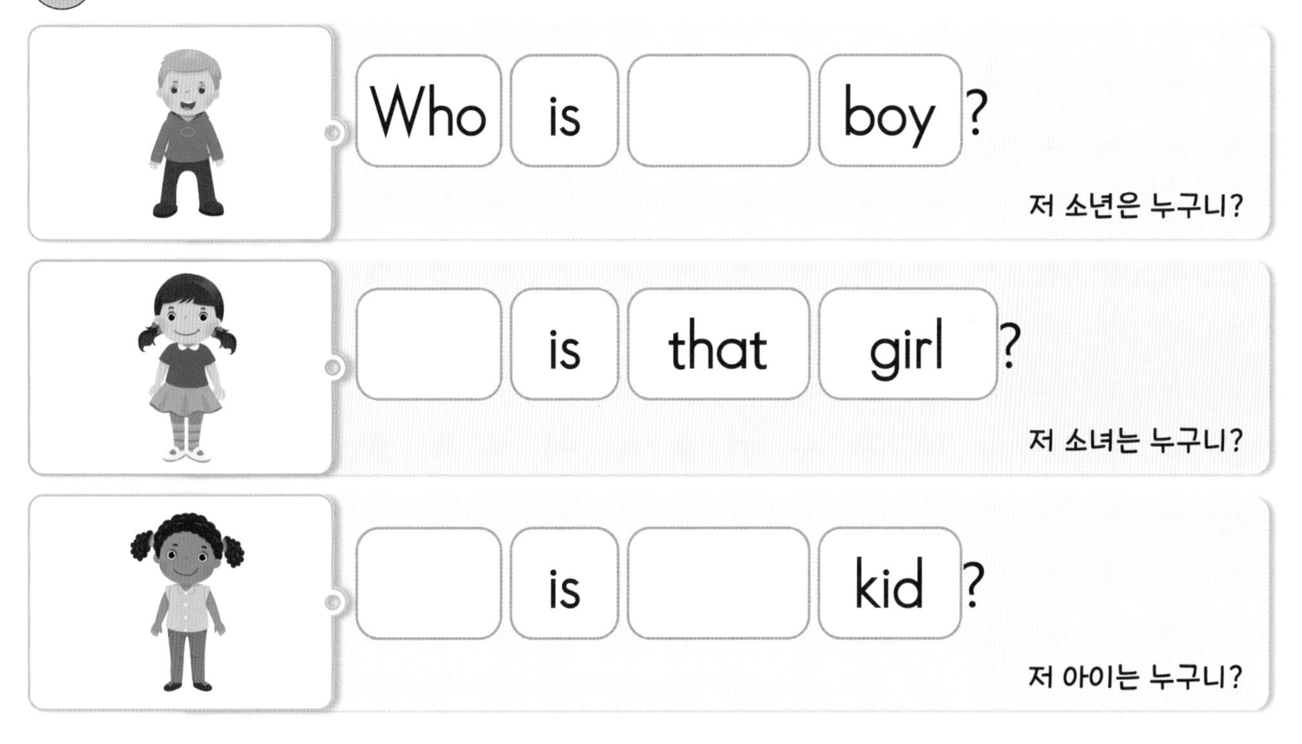

They are all from Korea.

그들은 모두 한국 출신이다.

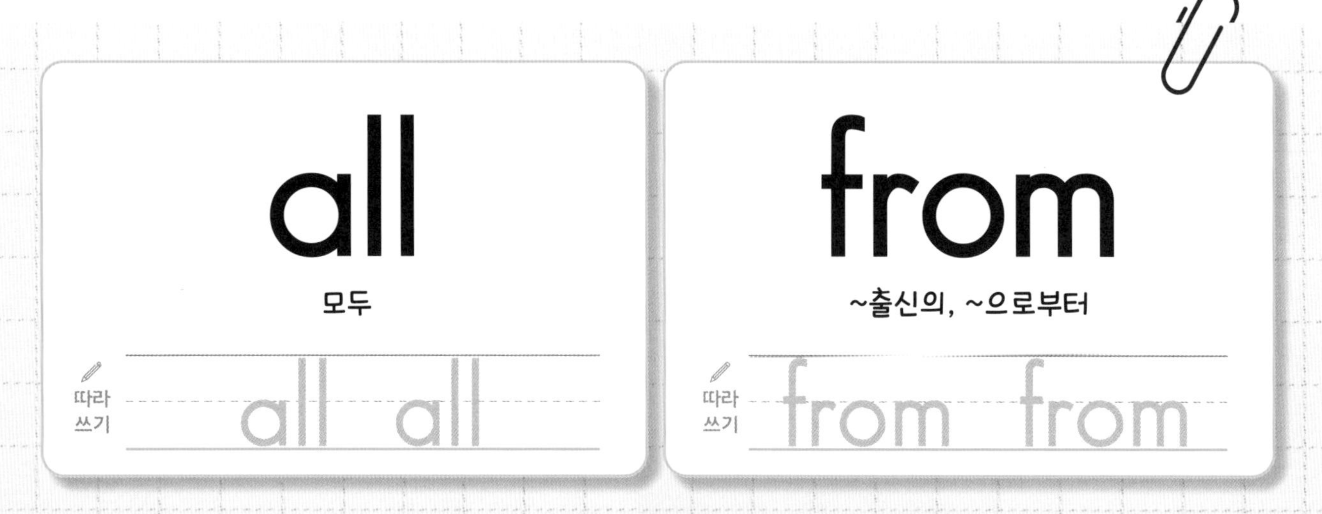

01 오늘의 단어를 찾아 색칠해 보세요.

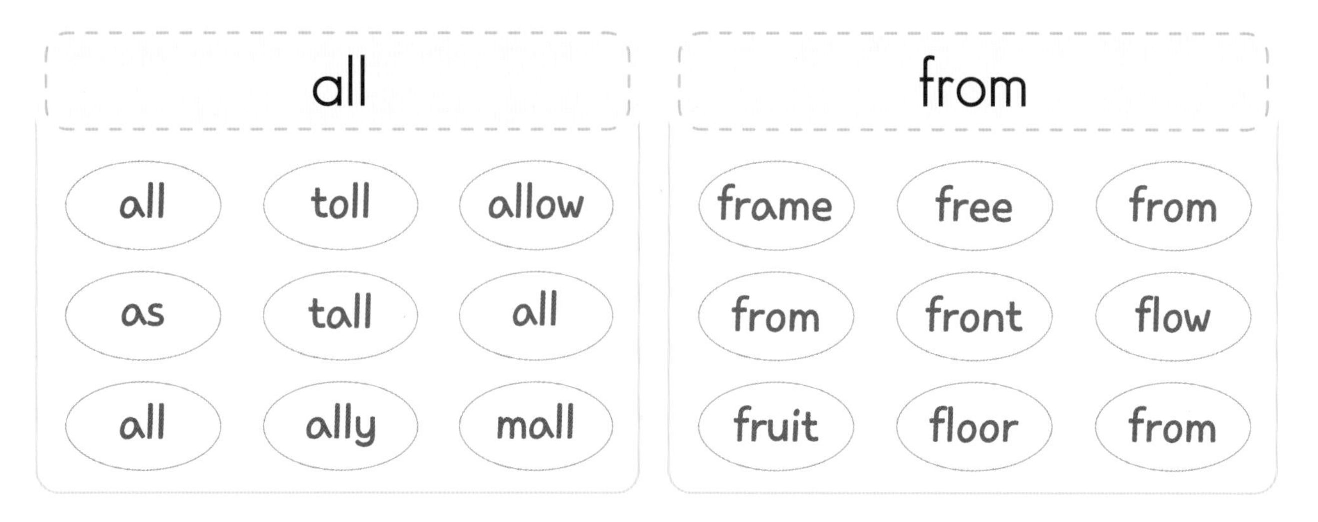

02 빈칸에 단어를 완성하고 스스로 써 보세요.

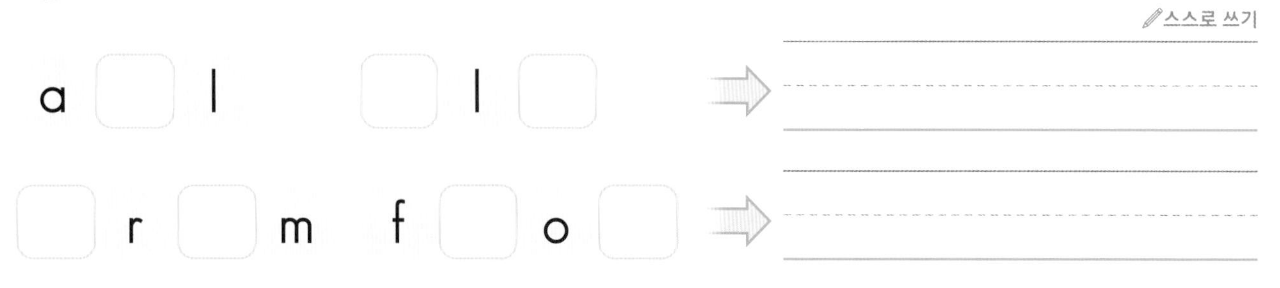

all, from과 같이 쓰이는
단어들도 함께 배워 봐요.

03 all, from과 자주 쓰이는 단어를 따라 써 보세요.

Korea
한국

They are all from Korea.

그들은 모두 한국 출신이다.

Japan
일본

They are all from Japan.

그들은 모두 일본 출신이다.

China
중국

They are all from China.

그들은 모두 중국 출신이다.

04 빈칸에 알맞은 단어를 넣어 통문장을 완성해 보세요.

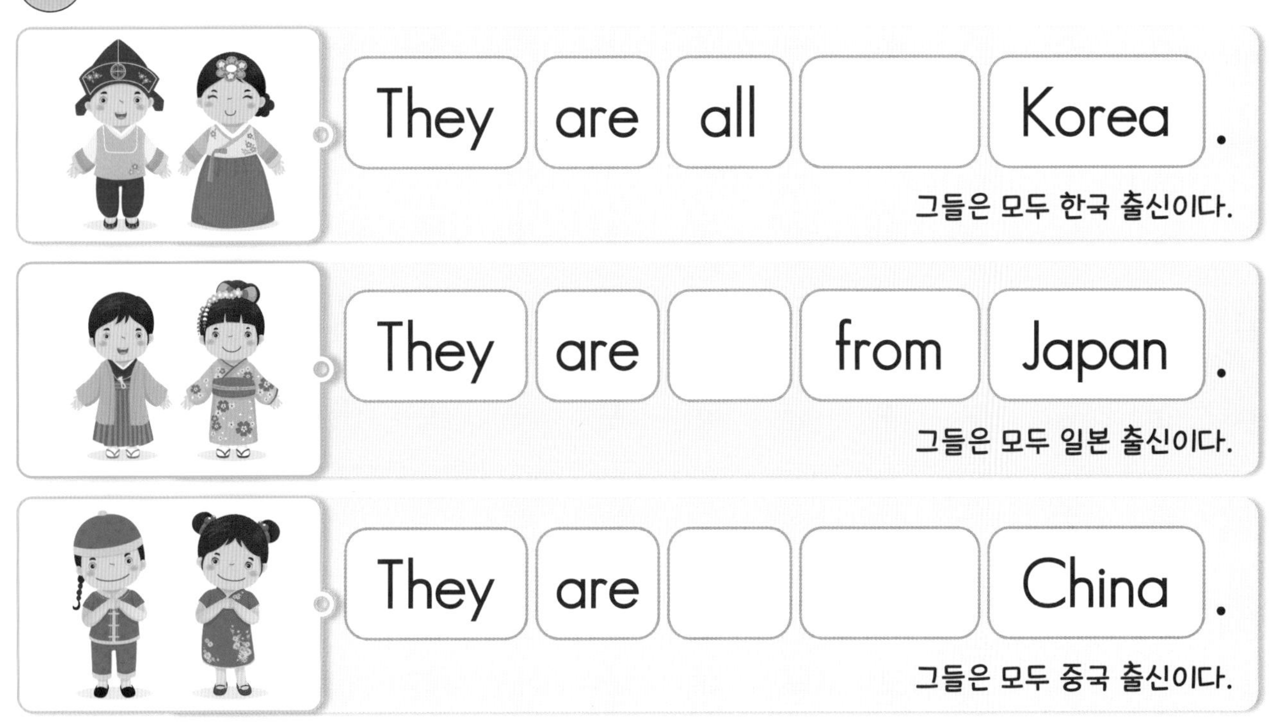

I can't find my key.

나는 내 열쇠를 찾을 수 없다.

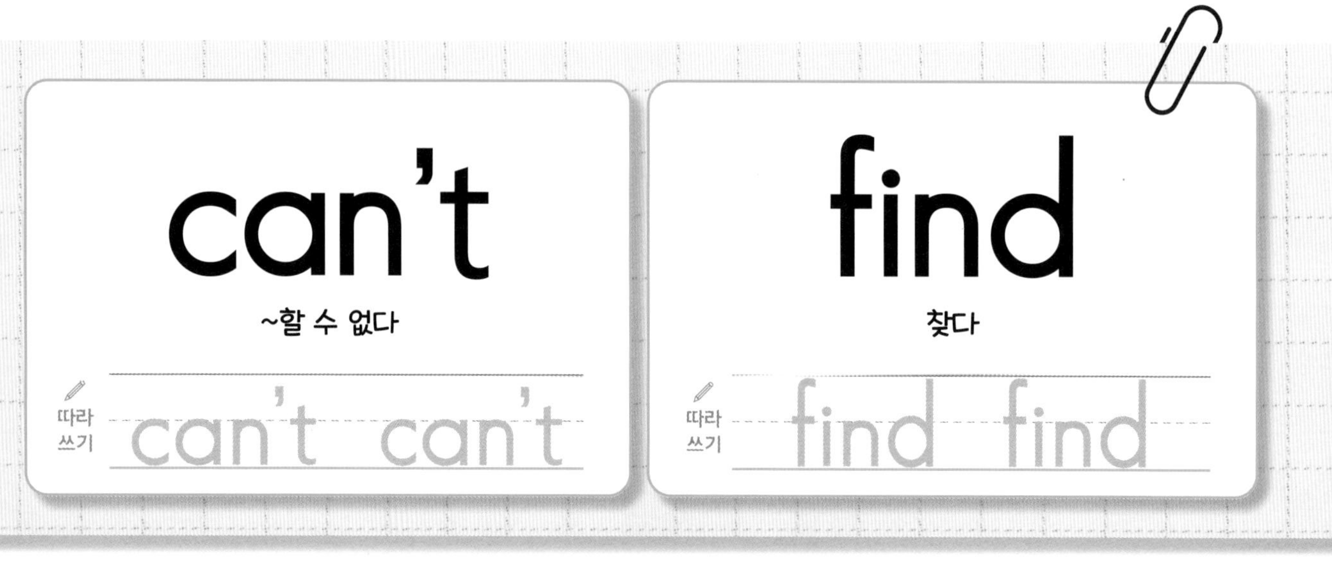

01 오늘의 단어를 찾아 색칠해 보세요.

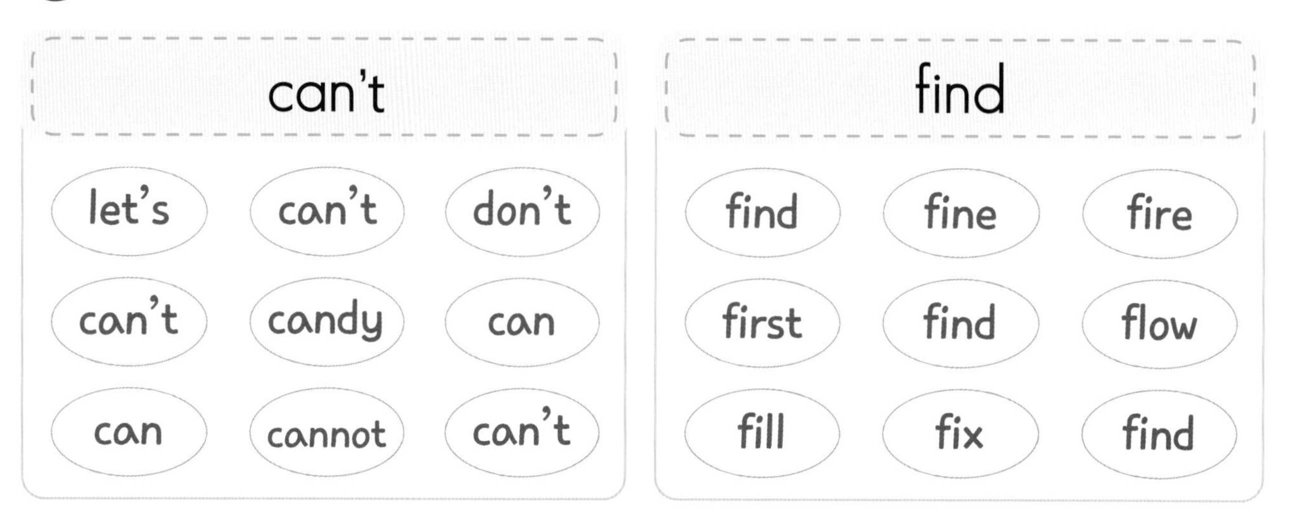

02 빈칸에 단어를 완성하고 스스로 써 보세요.

스스로 쓰기

c ☐ n' ☐   ☐ a ☐ t ⇨ ____________

f ☐ ☐ d   ☐ i n ☐ ⇨ ____________

03 can't, find와 자주 쓰이는 단어를 따라 써 보세요.

key 열쇠	I can't find my key. 나는 내 열쇠를 찾을 수 없다.
shoe 신발	I can't find my shoes. 나는 내 신발 (한 켤레)를 찾을 수 없다.
glove 장갑	I can't find my gloves. 나는 내 장갑 (한 켤레)를 찾을 수 없다.

04 빈칸에 알맞은 단어를 넣어 통문장을 완성해 보세요.

I | can't | ______ | my key.

나는 내 열쇠를 찾을 수 없다.

I | ______ | find | my shoes.

나는 내 신발 (한 켤레)를 찾을 수 없다.

I | ______ | ______ | my gloves.

나는 내 장갑 (한 켤레)를 찾을 수 없다.

When did you cook it?

언제 너는 그것을 요리했니?

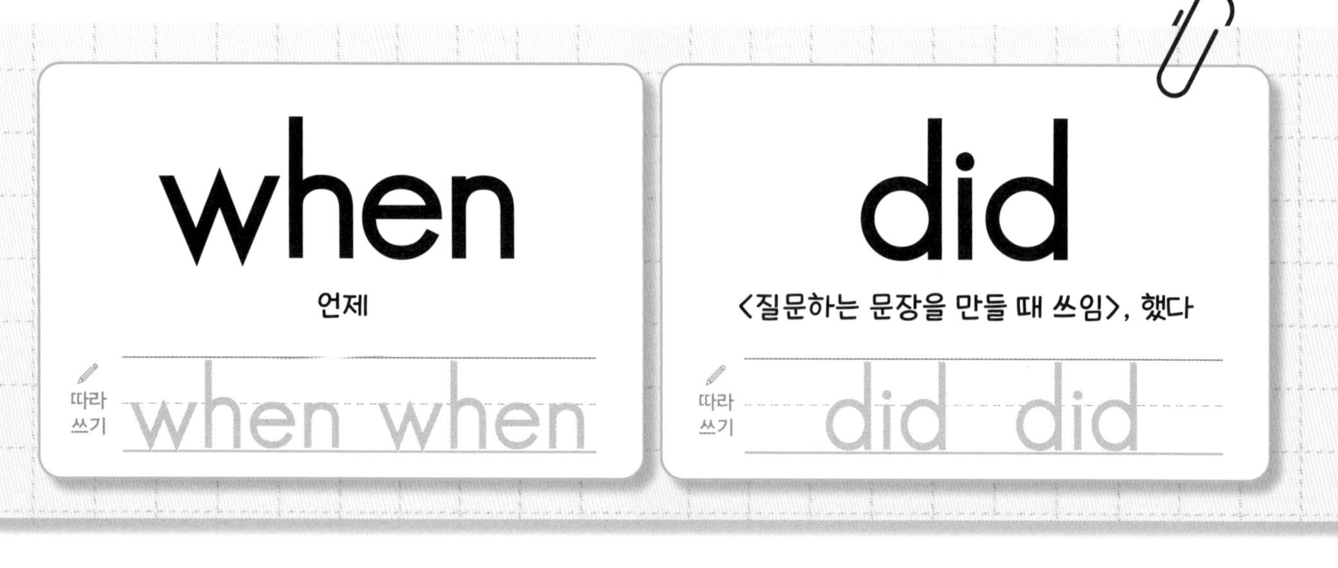

01 오늘의 단어를 찾아 색칠해 보세요.

when		
when	why	what
where	who	when
when	which	how

did		
do	did	does
did	dose	dice
die	didn't	did

02 빈칸에 단어를 완성하고 스스로 써 보세요.

스스로 쓰기

☐ h e ☐   w ☐ ☐ n ⇨ ____________

d ☐ d   ☐ i ☐ ⇨ ____________

when, did와 같이 쓰이는 단어들도 함께 배워 봐요.

03 when, did와 자주 쓰이는 단어를 따라 써 보세요.

cook 요리하다	When did you cook it? 언제 너는 그것을 요리했니?
buy 사다	When did you buy it? 언제 너는 그것을 샀니?
hear 듣다	When did you hear it? 언제 너는 그것을 들었니?

04 빈칸에 알맞은 단어를 넣어 통문장을 완성해 보세요.

When ______ you cook it?

언제 너는 그것을 요리했니?

______ did you buy it?

언제 너는 그것을 샀니?

______ ______ you hear it?

언제 너는 그것을 들었니?

REVIEW 10

통문장 연습하기 _ Unit 19 & 20

다음 통문장을 큰소리로 읽으면서 써 보세요.

01 Who is that boy?

저 소년은 누구니?

⇒ Who is that boy?

girl 저 소녀는 누구니?

⇒ Who is that ___?

kid 저 아이는 누구니?

⇒

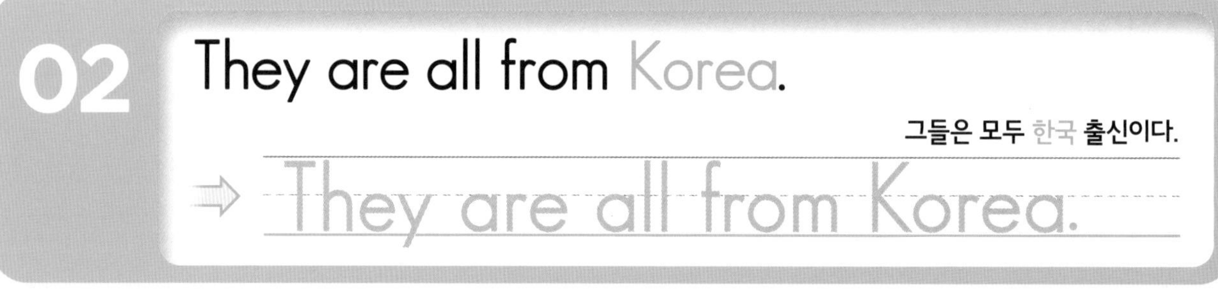

02 They are all from Korea.

그들은 모두 한국 출신이다.

⇒ They are all from Korea.

Japan 그들은 모두 일본 출신이다.

⇒ They are all from ___.

China 그들은 모두 중국 출신이다.

⇒

03 I can't find my key.

나는 내 열쇠를 찾을 수 없다.

⇨ I can't find my key.

shoe 나는 내 신발 (한 켤레)를 찾을 수 없다.

⇨ I can't find my .

glove 나는 내 장갑 (한 켤레)를 찾을 수 없다.

⇨

04 When did you cook it?

언제 너는 그것을 요리했니?

⇨ When did you cook it?

buy 언제 너는 그것을 샀니?

⇨ When did you it?

hear 언제 너는 그것을 들었니?

⇨

It is so cold outside.

밖에 너무 춥다.

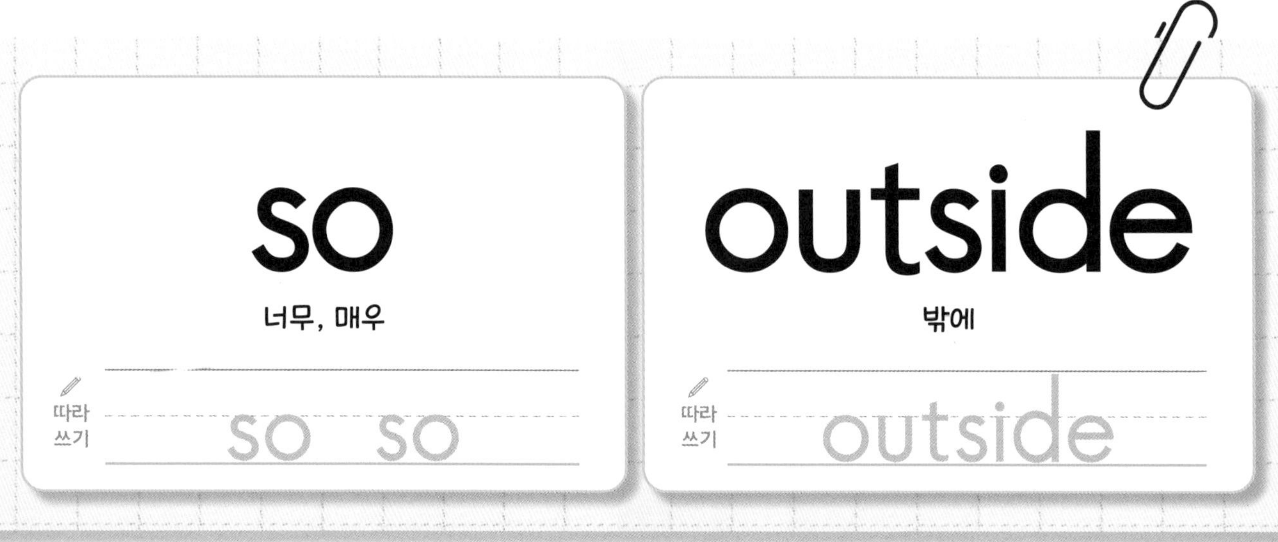

01 오늘의 단어를 찾아 색칠해 보세요.

so

to	go	so
sour	so	soil
so	soup	sew

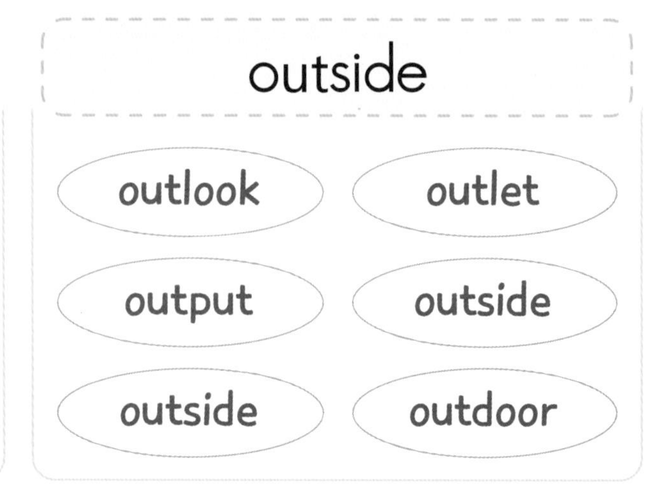

outside

outlook	outlet
output	outside
outside	outdoor

02 빈칸에 단어를 완성하고 스스로 써 보세요.

스스로 쓰기

s ☐ ☐ o →

o ☐ t ☐ i ☐ e →

so, outside와 같이 쓰이는
단어들도 함께 배워 봐요.

03 so, outside와 자주 쓰이는 단어를 따라 써 보세요.

cold 추운	It is so cold outside. 밖에 너무 춥다.
hot 더운	It is so hot outside. 밖에 너무 덥다.
cool 서늘한	It is so cool outside. 밖에 너무 서늘하다.

04 빈칸에 알맞은 단어를 넣어 통문장을 완성해 보세요.

-15°

It is so cold ________.

밖에 너무 춥다.

32°

It is ____ hot outside.

밖에 너무 덥다.

5°

It is ____ cool ________.

밖에 너무 서늘하다.

Put on your coat.

너의 코트를 입어라.

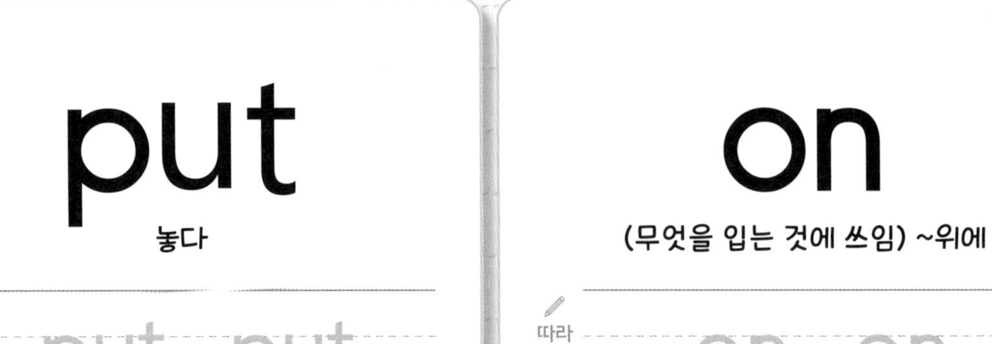

01 오늘의 단어를 찾아 색칠해 보세요.

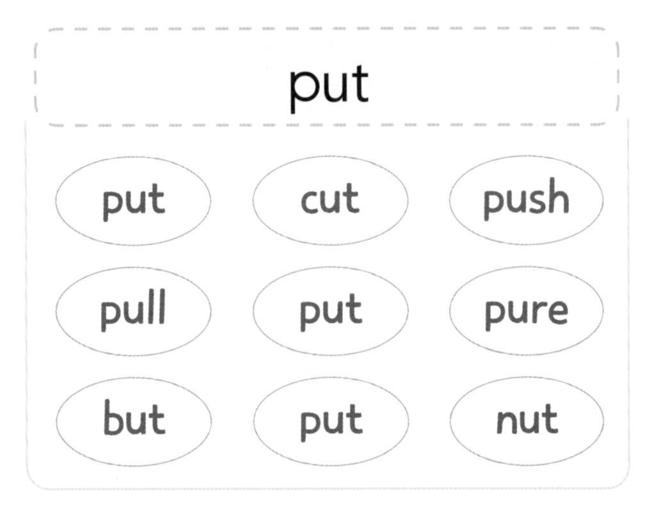

on

off	once	on
on	in	only
one	on	onto

02 빈칸에 단어를 완성하고 스스로 써 보세요.

스스로 쓰기

☐ u ☐ p ☐ t ⇨

☐ n o ☐ ⇨

put, on과 같이 쓰이는
단어들도 함께 배워 봐요.

03 put, on과 자주 쓰이는 단어를 따라 써 보세요.

coat 코트	Put on your coat.	너의 코트를 입어라.
pants 바지	Put on your pants.	너의 바지를 입어라.
jacket 재킷	Put on your jacket.	너의 재킷를 입어라.

04 빈칸에 알맞은 단어를 넣어 통문장을 완성해 보세요.

Put [ ] your coat.

너의 코트를 입어라.

[ ] on your pants.

너의 바지를 입어라.

[ ] [ ] your jacket.

너의 재킷를 입어라.

Can I get a little help?

도움을 좀 받아도 되니?

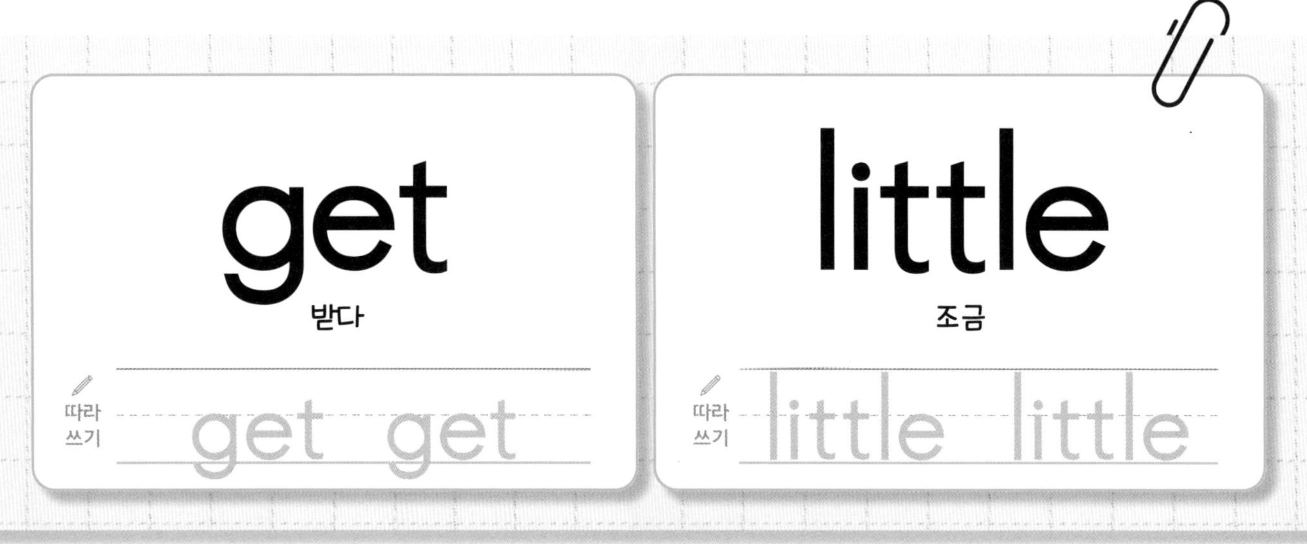

01 오늘의 단어를 찾아 색칠해 보세요.

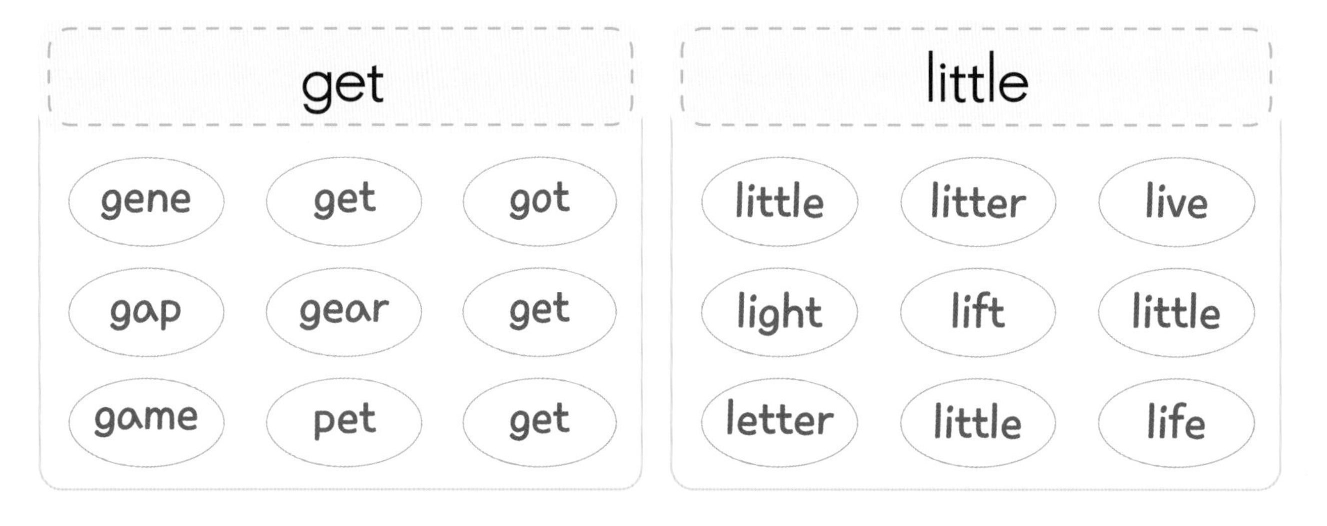

02 빈칸에 단어를 완성하고 스스로 써 보세요.

스스로 쓰기

g ☐ t →

☐ e ☐ →

l ☐ t ☐ ☐ e →

get, little과 같이 쓰이는
단어들도 함께 배워 봐요.

03 get, little과 자주 쓰이는 단어를 따라 써 보세요.

help 도움	Can I get a little help? 도움을 좀 받아도 되니?
sleep 잠	Can I get a little sleep? 잠을 좀 자도 되니?
money 돈	Can I get a little money? 돈을 좀 받아도 되니?

04 빈칸에 알맞은 단어를 넣어 통문장을 완성해 보세요.

Can I | get | a | ____ | help?

도움을 좀 받아도 되니?

Can I | ____ | a | little | sleep?

잠을 좀 자도 되니?

Can I | ____ | a | ____ | money?

돈을 좀 받아도 되니?

Show your photo, first.

먼저, 너의 사진을 보여 줘.

보여 주다

따라 쓰기 show show

먼저, 첫 번째

따라 쓰기 first first

01 오늘의 단어를 찾아 색칠해 보세요.

show		
short	share	show
show	shape	shot
she	show	shell

first		
first	fine	find
fire	fix	first
first	fill	firm

02 빈칸에 단어를 완성하고 스스로 써 보세요.

스스로 쓰기

☐ h o ☐ ⇒

s ☐ ☐ w ⇒

f ☐ r ☐ t ⇒

show, first와 같이 쓰이는
단어들도 함께 배워 봐요.

03 show, first와 자주 쓰이는 단어를 따라 써 보세요.

photo
사진

Show your photo, first.
먼저, 너의 사진을 보여 줘.

card
카드

Show your card, first.
먼저, 너의 카드를 보여 줘.

album
앨범

Show your album, first.
먼저, 너의 앨범을 보여 줘.

04 빈칸에 알맞은 단어를 넣어 통문장을 완성해 보세요.

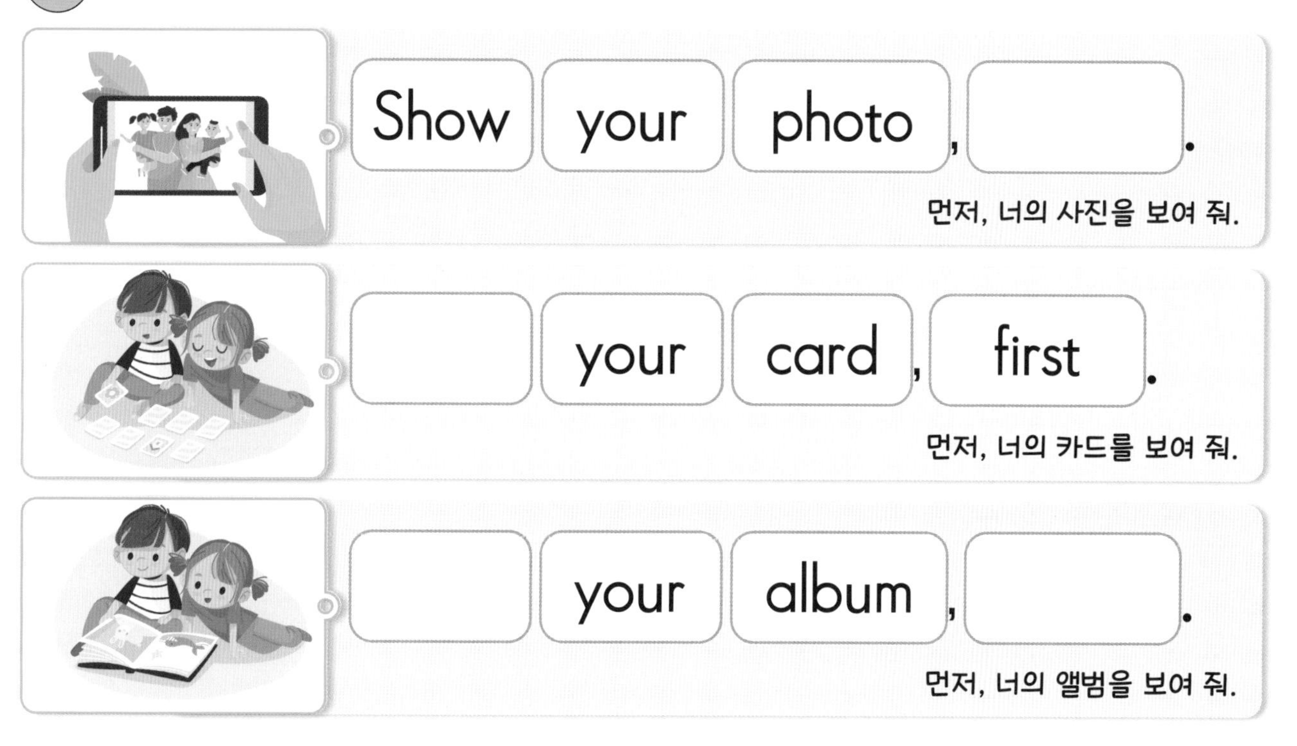

REVIEW 11

통문장 연습하기 _ Unit 21 & 22

다음 통문장을 큰소리로 읽으면서 써 보세요.

01

It is so cold outside.

밖에 너무 춥다.

⇒ It is so cold outside.

hot

밖에 너무 덥다.

⇒ It is so ______ outside.

cool

밖에 너무 서늘하다.

⇒

02

Put on your coat.

너의 코트를 입어라.

⇒ Put on your coat.

pants

너의 바지를 입어라.

⇒ Put on your ______.

jacket

너의 재킷을 입어라.

⇒

03 Can I get a little help?

도움을 좀 받아도 되니?

⇒ Can I get a little help?

sleep

잠을 좀 자도 되니?

⇒ Can I get a little ?

money

돈을 좀 받아도 되니?

⇒

04 Show your photo, first.

먼저, 너의 사진을 보여 줘.

⇒ Show your photo, first.

card

먼저, 너의 카드를 보여 줘.

⇒ Show your , first.

album

먼저, 너의 앨범을 보여 줘.

⇒

I see its eyes.

나는 그것의 눈들을 본다.

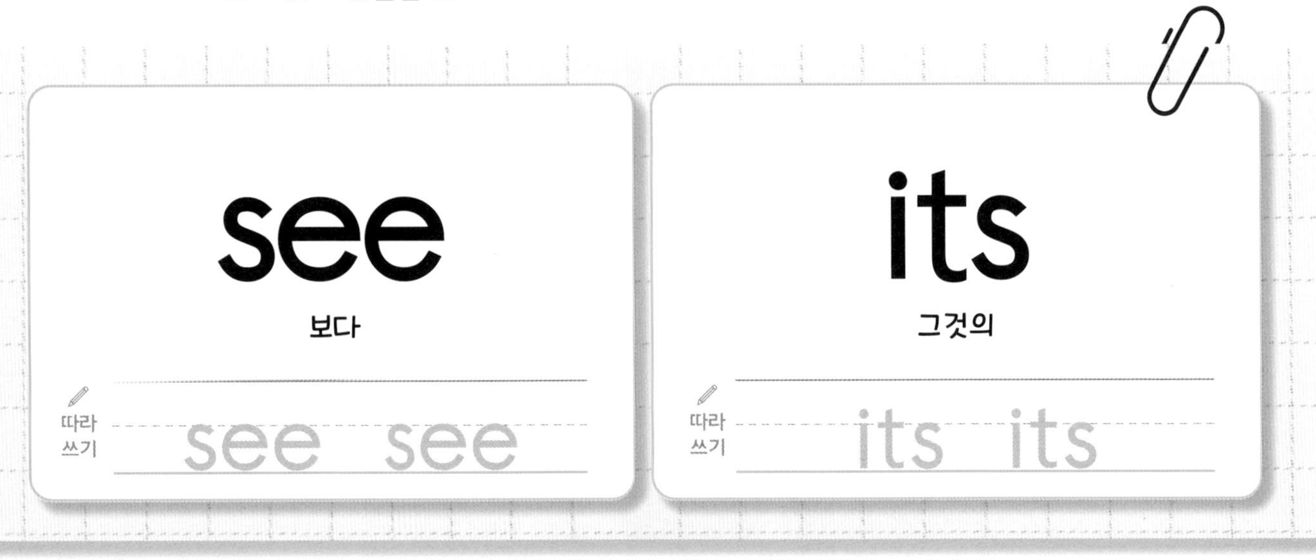

01 오늘의 단어를 찾아 색칠해 보세요.

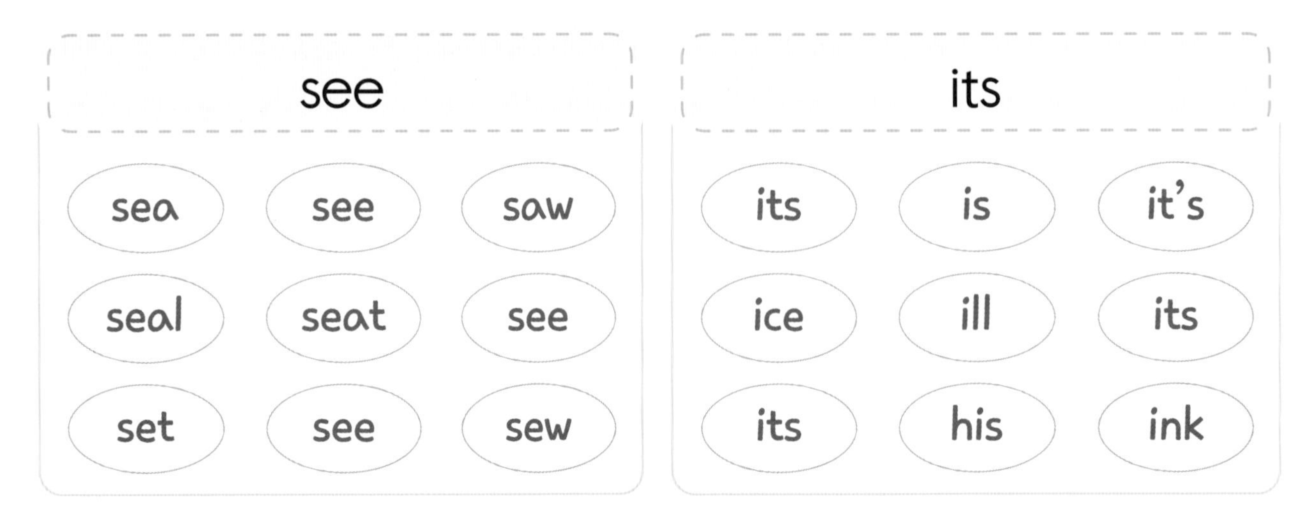

02 빈칸에 단어를 완성하고 스스로 써 보세요.

스스로 쓰기

s ☐ e ☐ e ☐ →

☐ t ☐ i ☐ s →

see, its와 같이 쓰이는
단어들도 함께 배워 봐요.

03 see, its와 자주 쓰이는 단어를 따라 써 보세요.

eye	눈	I see its eyes.	나는 그것의 눈들을 본다.
ear	귀	I see its ears.	나는 그것의 귀들을 본다.
nose	코	I see its nose.	나는 그것의 코를 본다.

04 빈칸에 알맞은 단어를 넣어 통문장을 완성해 보세요.

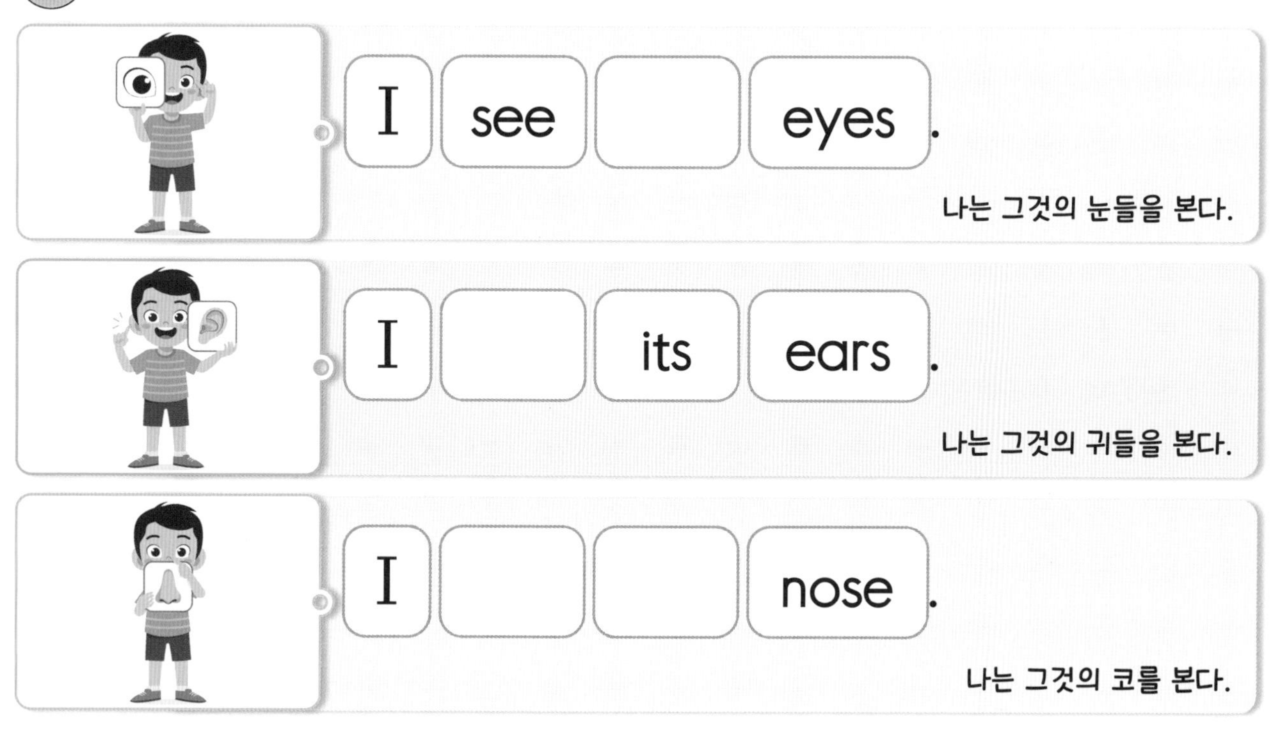

She can't fly, but she can swim.

그녀는 날 수 없지만, 그녀는 수영할 수 있다.

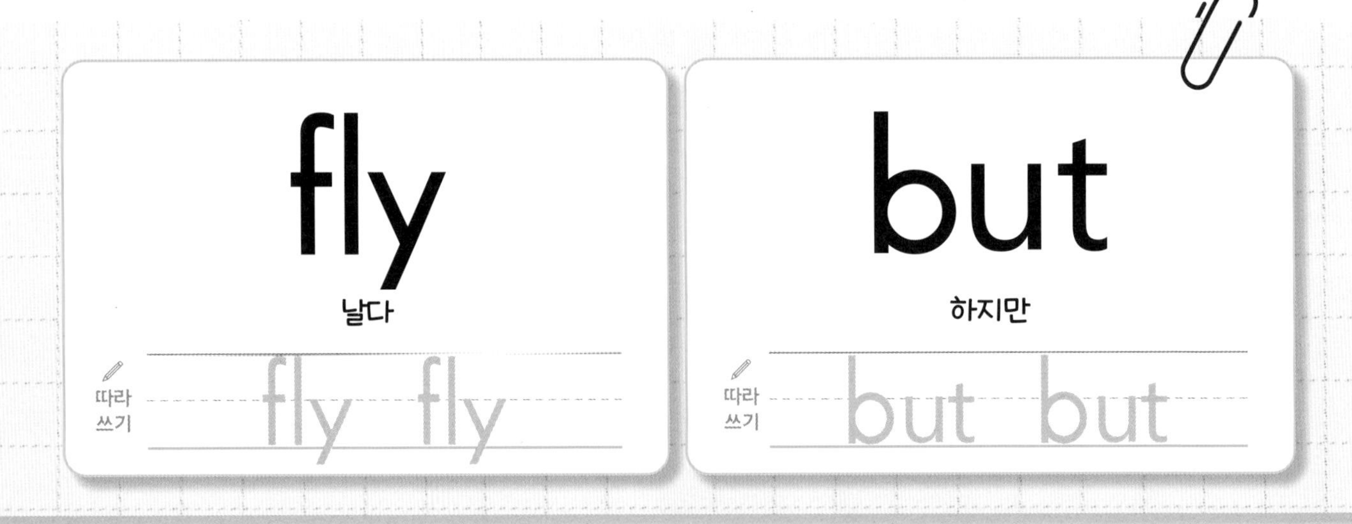

01 오늘의 단어를 찾아 색칠해 보세요.

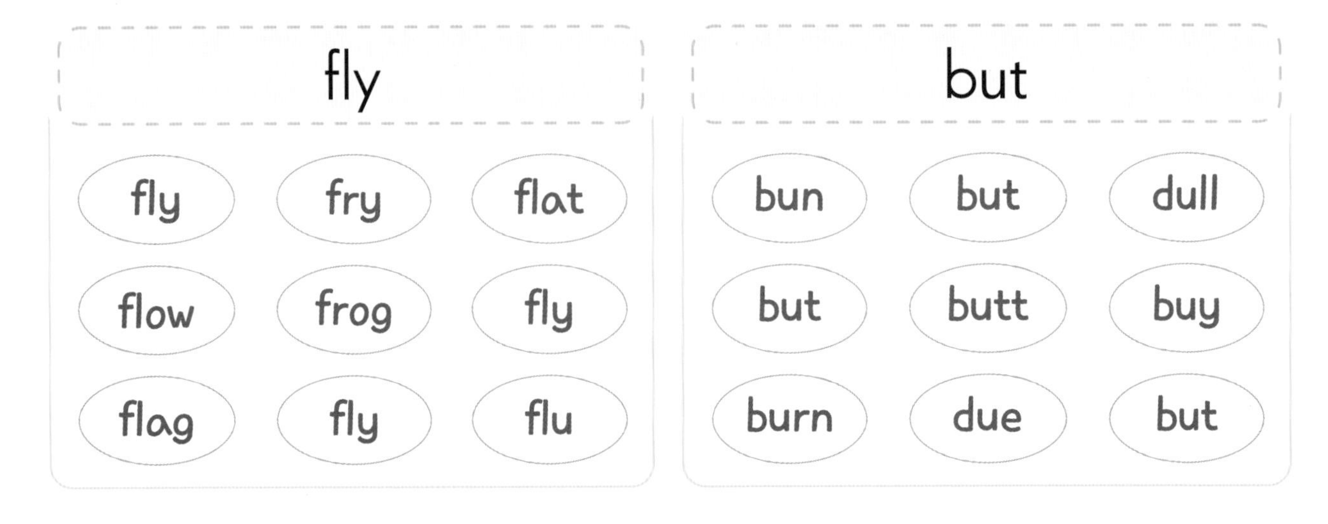

02 빈칸에 단어를 완성하고 스스로 써 보세요.

스스로 쓰기

f ☐ y ☐ l ☐ ⇒

☐ u ☐ b ☐ t ⇒

fly, but과 같이 쓰이는
단어들도 함께 배워 봐요.

03 fly, but과 자주 쓰이는 단어를 따라 써 보세요.

swim
수영하다

She can't fly, but she can swim.
그녀는 날 수 없지만, 그녀는 수영할 수 있다.

walk
걷다

It can't fly, but it can walk.
그것은 날 수 없지만, 그것은 걸을 수 있다.

climb
기어오르다

He can't fly, but he can climb.
그는 날 수 없지만, 그는 기어오를 수 있다.

04 빈칸에 알맞은 단어를 넣어 통문장을 완성해 보세요.

She can't | fly | , ____ | she | can swim.
그녀는 날 수 없지만, 그녀는 수영할 수 있다.

It can't | ____ | , but | it | can walk.
그것은 날 수 없지만, 그것은 걸을 수 있다.

He can't | ____ | , ____ | he | can climb.
그는 날 수 없지만, 그는 기어오를 수 있다.

그것들은 오직 강에 산다.

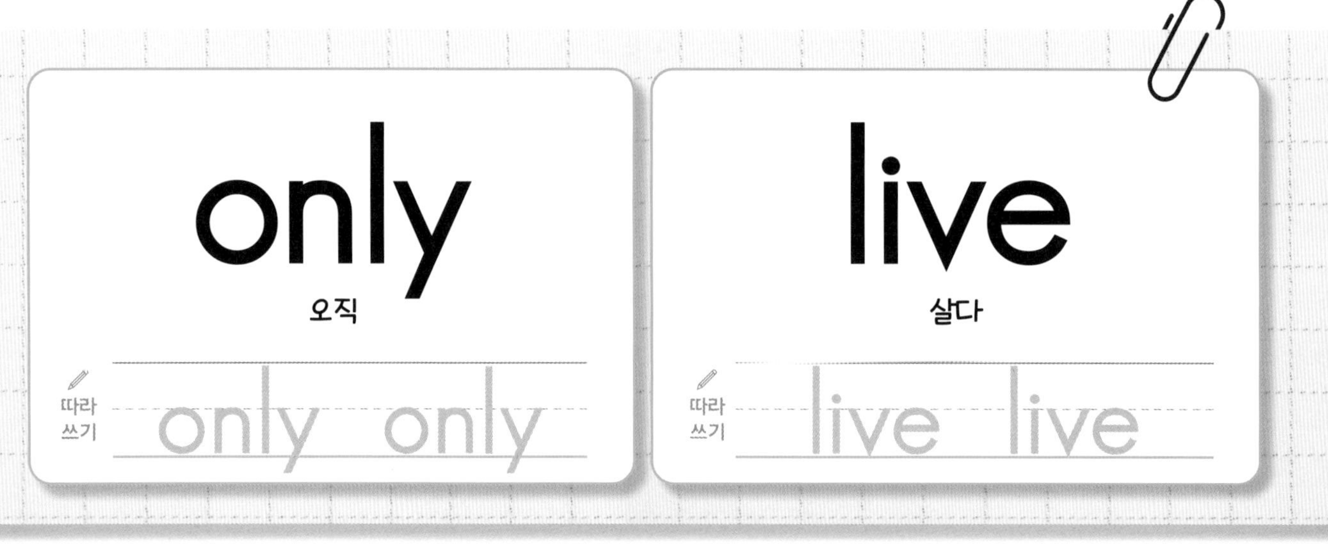

01 오늘의 단어를 찾아 색칠해 보세요.

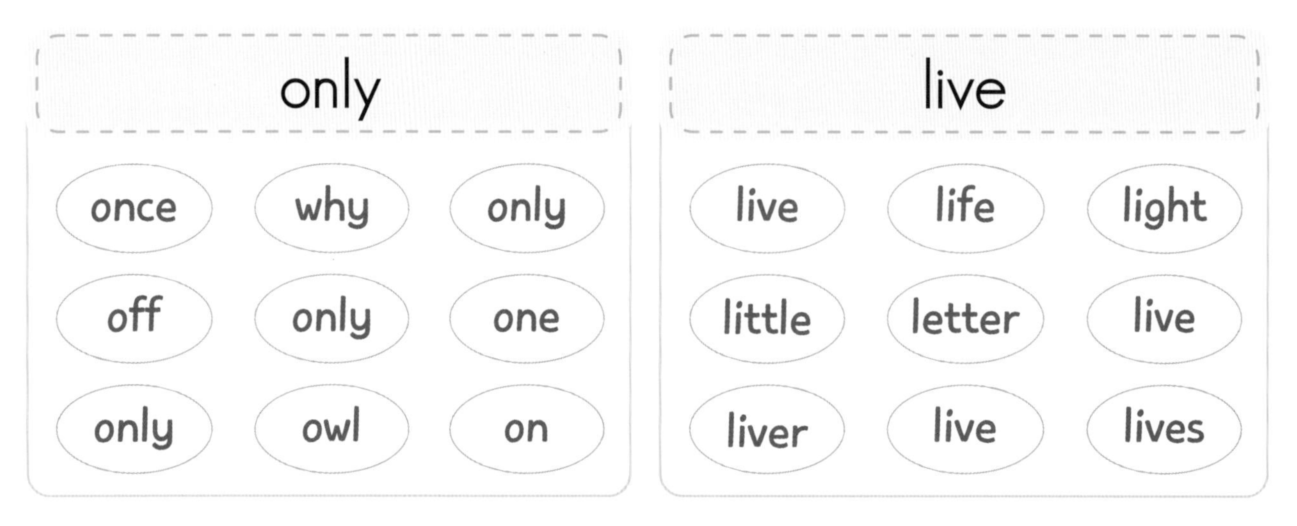

02 빈칸에 단어를 완성하고 스스로 써 보세요.

스스로 쓰기

☐ n ☐ y o ☐ l ☐ ⇨

l ☐ ☐ e ☐ i v ☐ ⇨

only, live와 같이 쓰이는
단어들도 함께 배워 봐요.

03 only, live와 자주 쓰이는 단어를 따라 써 보세요.

river 강	They only live in the river. 그것들은 오직 강에 산다.
lake 호수	They only live in the lake. 그것들은 오직 호수에 산다.
mountain 산	They only live in the mountain. 그것들은 오직 산에 산다.

04 빈칸에 알맞은 단어를 넣어 통문장을 완성해 보세요.

They | only | ______ | in the river.

그것들은 오직 강에 산다.

They | ______ | live | in the lake.

그것들은 오직 호수에 산다.

They | ______ | ______ | in the mountain.

그것들은 오직 산에 산다.

Its colors are yellow and black.

그것의 색들은 노랗고 검다.

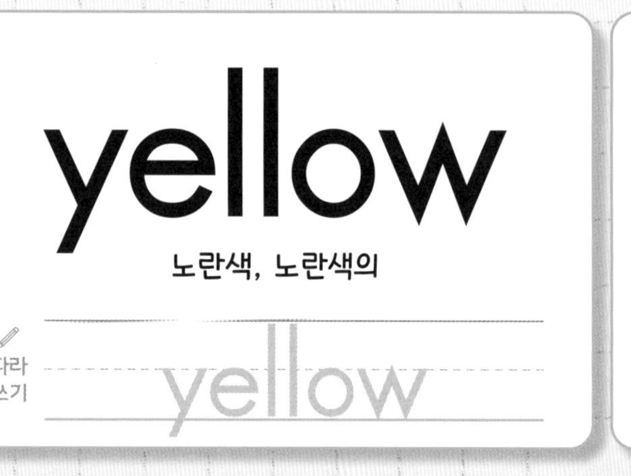

and

그리고

따라 쓰기 and and

01 오늘의 단어를 찾아 색칠해 보세요.

yellow

yellow	yummy	yell
mellow	yoga	yellow
yak	yellow	allow

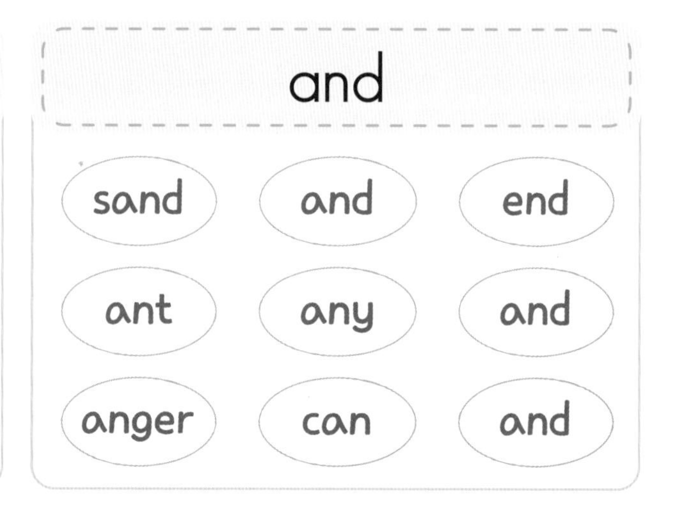

and

sand	and	end
ant	any	and
anger	can	and

02 빈칸에 단어를 완성하고 스스로 써 보세요.

스스로 쓰기

y ☐ l ☐ o ☐ ⇒

☐ n ☐ a ☐ d ⇒

yellow, and와 같이 쓰이는 단어들도 함께 배워 봐요.

03 yellow, and와 자주 쓰이는 단어를 따라 써 보세요.

black 검은색, 검은색의	Its colors are yellow and black. 그것의 색들은 노랗고 검다.
brown 갈색, 갈색의	Its colors are yellow and brown. 그것의 색들은 노랗고 갈색이다.
white 하얀색, 하얀색의	Its colors are yellow and white. 그것의 색들은 노랗고 하얗다.

04 빈칸에 알맞은 단어를 넣어 통문장을 완성해 보세요.

Its colors are | yellow | ______ | black.
그것의 색들은 노랗고 검다.

Its colors are | ______ | and | brown.
그것의 색들은 노랗고 갈색이다.

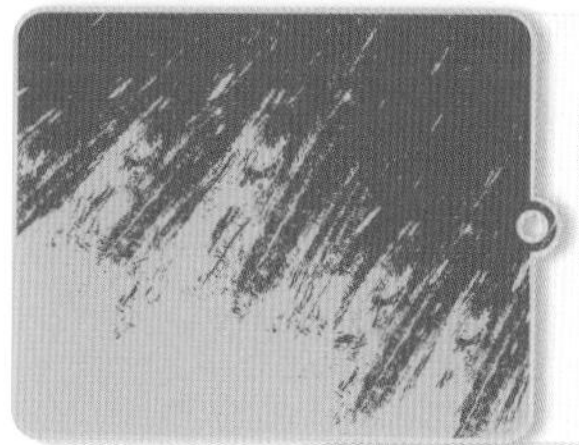

Its colors are | ______ | ______ | white.
그것의 색들은 노랗고 하얗다.

REVIEW 12

통문장 연습하기 _ Unit 23 & 24

다음 통문장을 큰소리로 읽으면서 써 보세요.

01

I see its eyes.

나는 그것의 눈들을 본다.

⇒ I see its eyes.

ear 나는 그것의 귀들을 본다.

⇒ 

nose 나는 그것의 코를 본다.

02

She can't fly, but she can swim.

그녀는 날 수 없지만, 그녀는 수영할 수 있다.

⇒ She can't fly, but she can swim.

walk 그것은 날 수 없지만, 그것은 걸을 수 있다.

⇒ 

climb 그는 날 수 없지만, 그는 기어오를 수 있다.

03 They only live in the river.

그것들은 오직 강에 산다.

⇒ They only live in the river.

lake

그것들은 오직 호수에 산다.

⇒ They only live in the .

mountain

그것들은 오직 산에 산다.

⇒

04 Its colors are yellow and black.

그것의 색들은 노랗고 검다.

⇒ Its colors are yellow and black.

brown

그것의 색들은 노랗고 갈색이다.

⇒ Its colors are yellow and .

white

그것의 색들은 노랗고 하얗다.

⇒

CHAPTER 05

미리 배우는 단어 리스트

1st 단어 읽기

class 수업	work 일	dark 어둠	go 가다	run 달리다	jump 점프하다
car 자동차	taxi 택시	airplane 비행기	letter 편지	love 사랑	time 시간
sock 양말	boot 부츠, 장화	scarf 목도리, 스카프	sunny / cloudy 화창한 / 흐린	windy / stormy 바람이 부는 / 폭풍우 치는	snowy / rainy 눈이 오는 / 비가 오는
robot 로봇	block 블록	top 팽이	season 계절	fruit 과일	color 색깔
pen 펜	phone 전화기	computer 컴퓨터	ice cream 아이스크림	cake 케이크	chocolate 초콜릿
apple 사과	grape 포도	pear 배	park 공원	hill 언덕	beach 해변

* 위의 단어와 비교해 보세요.

2nd 단어 찾아 쓰기

class 수업	일	dark 어둠	go 가다	run 달리다	점프하다
car 자동차	taxi 택시	비행기	letter 편지	사랑	time 시간
양말	boot 부츠, 장화	scarf 목도리, 스카프	sunny / cloudy 화창한 / 흐린	바람이 부는 / 폭풍우 치는	snowy / rainy 눈이 오는 / 비가 오는
robot 로봇	block 블록	top 팽이	season 계절	과일	색깔
pen 펜	전화기	computer 컴퓨터	아이스크림	cake 케이크	chocolate 초콜릿
apple 사과	포도	pear 배	공원	hill 언덕	beach 해변

☑ 일별 체크리스트

Unit 25

_____ 월 _____ 일

나의 평가는?
☆☆☆☆☆

Unit 26

_____ 월 _____ 일

나의 평가는?
☆☆☆☆☆

Unit 27

_____ 월 _____ 일

나의 평가는?
☆☆☆☆☆

Unit 28

_____ 월 _____ 일

나의 평가는?
☆☆☆☆☆

Unit 29

_____ 월 _____ 일

나의 평가는?
☆☆☆☆☆

Unit 30

_____ 월 _____ 일

나의 평가는?
☆☆☆☆☆

이렇게 함께 해요.

- ☑ 공부할 날짜 쓰기
- ☑ 공부할 QR을 찍고 음원 듣기
- ☑ 공부가 끝나면 내가 칠한 별 개수로 칭찬하기

오늘 나의 기분은?

MEMO

_____

_____

_____

You can eat after class.

너는 수업 후에 먹을 수 있다.

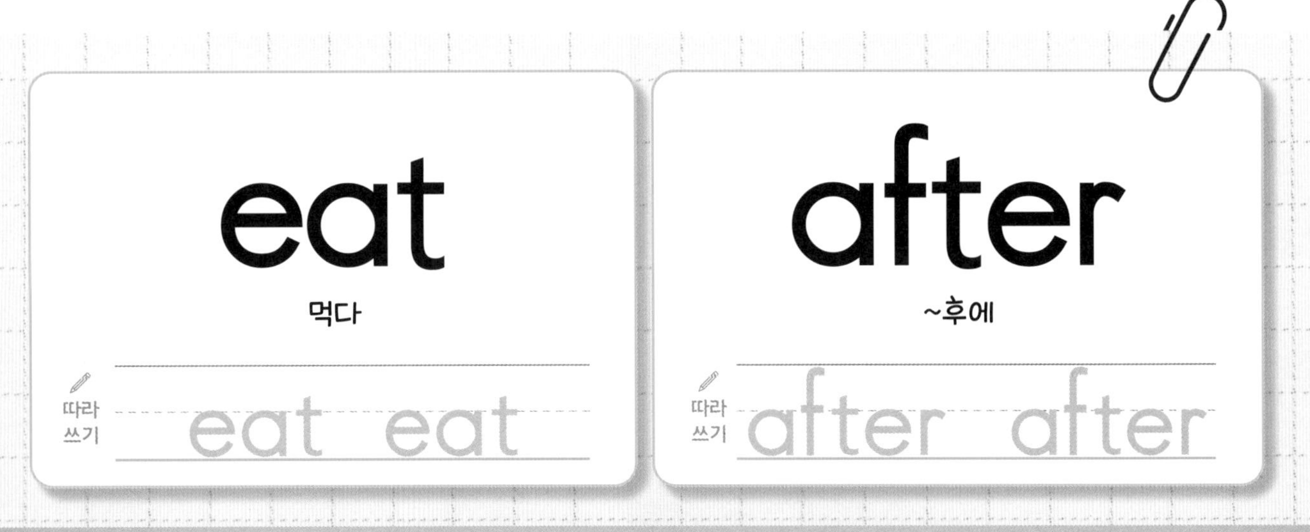

01 오늘의 단어를 찾아 색칠해 보세요.

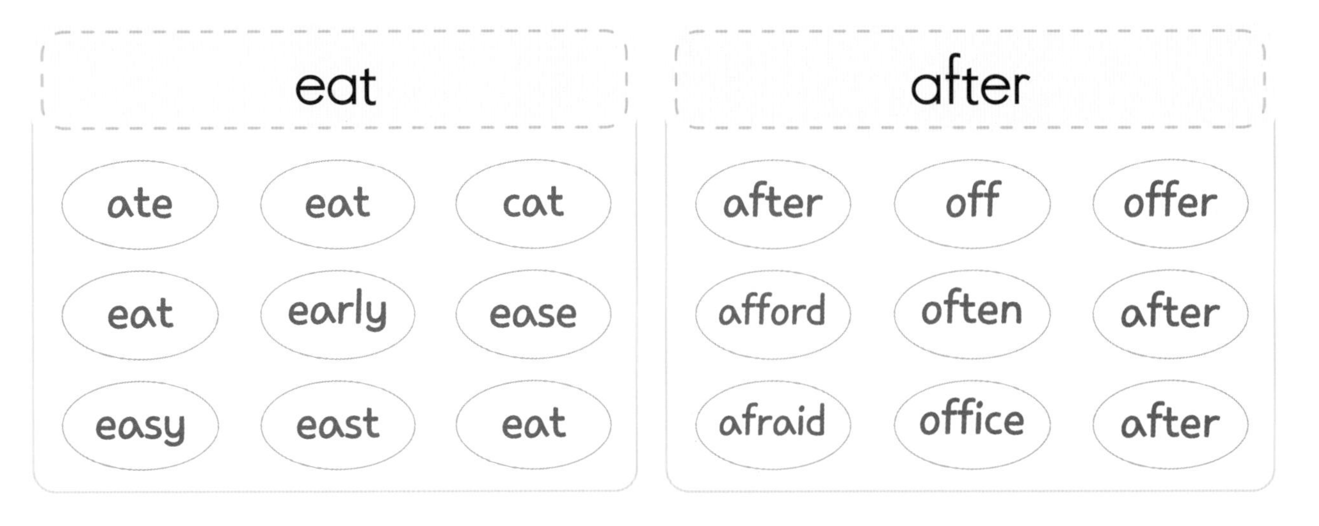

02 빈칸에 단어를 완성하고 스스로 써 보세요.

스스로 쓰기

☐ a ☐ e ☐ t →

a ☐ t ☐ r →

eat, after와 같이 쓰이는
단어들도 함께 배워 봐요.

03 eat, after와 자주 쓰이는 단어를 따라 써 보세요.

class 수업	You can eat after class.	너는 수업 후에 먹을 수 있다.
work 일	You can eat after work.	너는 일(퇴근) 후에 먹을 수 있다.
dark 어둠	You can eat after dark.	너는 어두워진 후에 먹을 수 있다.

04 빈칸에 알맞은 단어를 넣어 통문장을 완성해 보세요.

You can eat ________ class.
너는 수업 후에 먹을 수 있다.

You can ________ after work.
너는 일(퇴근) 후에 먹을 수 있다.

You can ________ ________ dark.
너는 어두워진 후에 먹을 수 있다.

We go up and down.

우리는 위아래로 간다.

01 오늘의 단어를 찾아 색칠해 보세요.

up

up	cup	upper
upset	up	top
hop	upon	up

down

dawn	down	does
down	dose	dice
done	date	down

02 빈칸에 단어를 완성하고 스스로 써 보세요.

스스로 쓰기

u ☐ ☐ p →

☐ o ☐ n d ☐ w ☐ →

up, down과 같이 쓰이는
단어들도 함께 배워 봐요.

03 up, down과 자주 쓰이는 단어를 따라 써 보세요.

go
가다

We go up and down.
우리는 위아래로 간다.

run
달리다

We run up and down.
우리는 위아래로 달린다.

jump
점프하다

We jump up and down.
우리는 위아래로 점프한다.

04 빈칸에 알맞은 단어를 넣어 통문장을 완성해 보세요.

I go there by car.

나는 거기에 자동차로 간다.

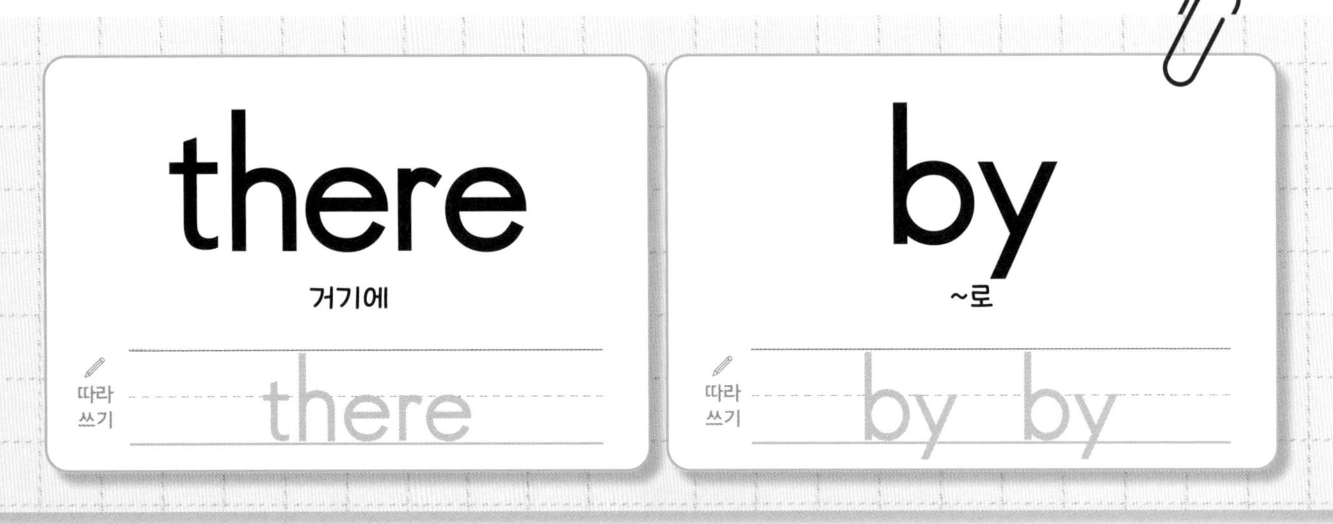

01 오늘의 단어를 찾아 색칠해 보세요.

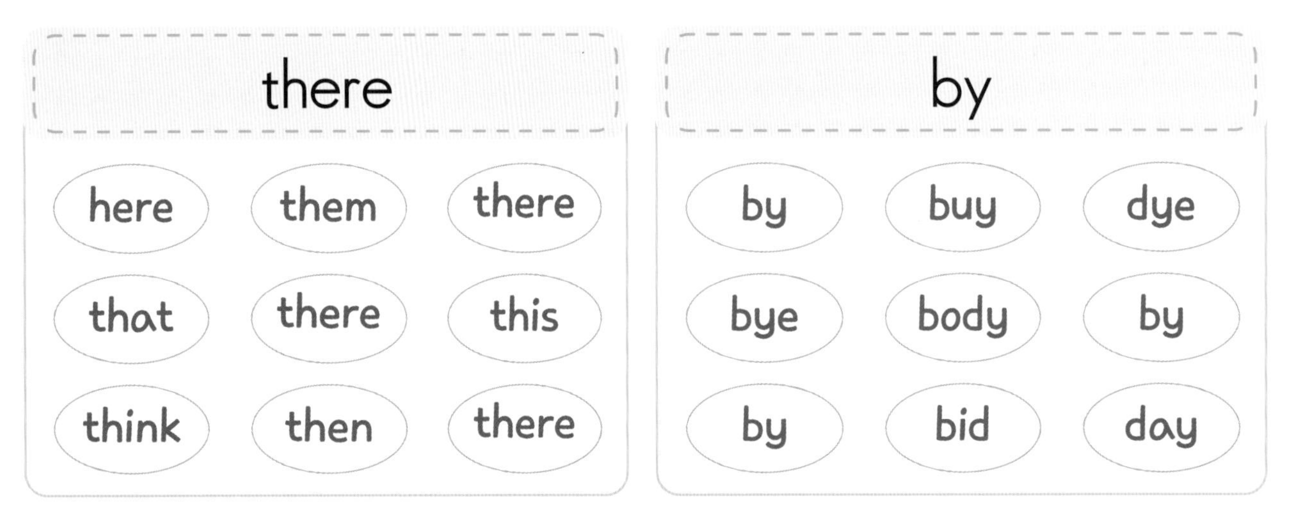

02 빈칸에 단어를 완성하고 스스로 써 보세요.

스스로 쓰기

☐ h ☐ ☐ e ⇒

b ☐ ☐ y ⇒

there, by와 같이 쓰이는
단어들도 함께 배워 봐요.

03 there, by와 자주 쓰이는 단어를 따라 써 보세요.

04 빈칸에 알맞은 단어를 넣어 통문장을 완성해 보세요.

Thank you so much for your letter.

당신의 편지에 정말 많이 감사드립니다.

thank

감사하다

따라 쓰기 thank thank

much

많이, 많은

따라 쓰기 much much

01 오늘의 단어를 찾아 색칠해 보세요.

thank

thank	them	there
thanks	they	thank
think	thank	than

much

many	mane	much
name	much	may
much	mass	male

02 빈칸에 단어를 완성하고 스스로 써 보세요.

스스로 쓰기

☐ h ☐ ☐ k ⇒ ______

☐ u ☐ h m ☐ c ☐ ⇒ ______

thank, much와 같이 쓰이는
단어들도 함께 배워 봐요.

03 thank, much와 자주 쓰이는 단어를 따라 써 보세요.

letter
편지

Thank you so much for your letter.
당신의 편지에 정말 많이 감사드립니다.

love
사랑

Thank you so much for your love.
당신의 사랑에 정말 많이 감사드립니다.

time
시간

Thank you so much for your time.
당신의 시간을 내줘서 정말 많이 감사드립니다.

04 빈칸에 알맞은 단어를 넣어 통문장을 완성해 보세요.

Thank | you | so | ______ | for your letter.
당신의 편지에 정말 많이 감사드립니다.

______ | you | so | much | for your love.
당신의 사랑에 정말 많이 감사드립니다.

______ | you | so | ______ | for your time.
당신의 시간을 내줘서 정말 많이 감사드립니다.

통문장 연습하기 _ Unit 25 & 26

다음 통문장을 큰소리로 읽으면서 써 보세요.

01

You can eat after class.

너는 수업 후에 먹을 수 있다.

⇒ You can eat after class.

work 너는 일(퇴근) 후에 먹을 수 있다.

⇒ You can eat after .

dark 너는 어두워진 후에 먹을 수 있다.

⇒

02

We go up and down.

우리는 위아래로 간다.

⇒ We go up and down.

run 우리는 위아래로 달린다.

⇒ We up and down.

jump 우리는 위아래로 점프한다.

⇒

03 I go there by car.

나는 거기에 자동차로 간다.

⇨ I go there by car.

taxi 나는 거기에 택시로 간다.

⇨ I go there by ______.

airplane 나는 거기에 비행기로 간다.

⇨

04 Thank you so much for your letter.

당신의 편지에 정말 많이 감사드립니다.

⇨ Thank you so much for your letter.

love 당신의 사랑에 정말 많이 감사드립니다.

⇨ Thank you so much for your ______.

time 당신의 시간을 내줘서 정말 많이 감사드립니다.

⇨

Take your warm socks.

너의 따뜻한 양말 (한 켤레)를 가지고 가라.

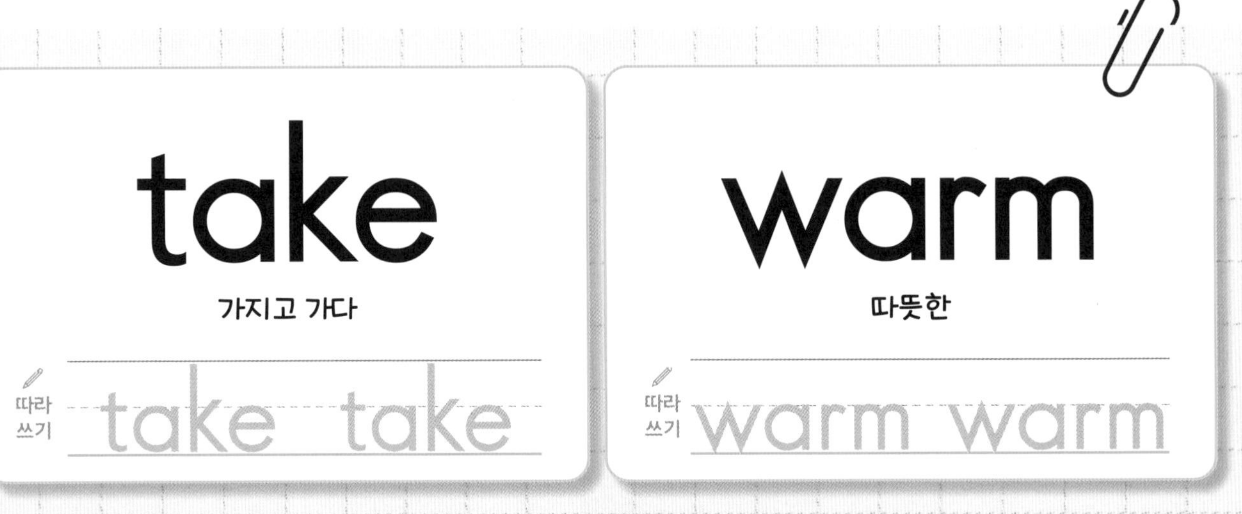

01 오늘의 단어를 찾아 색칠해 보세요.

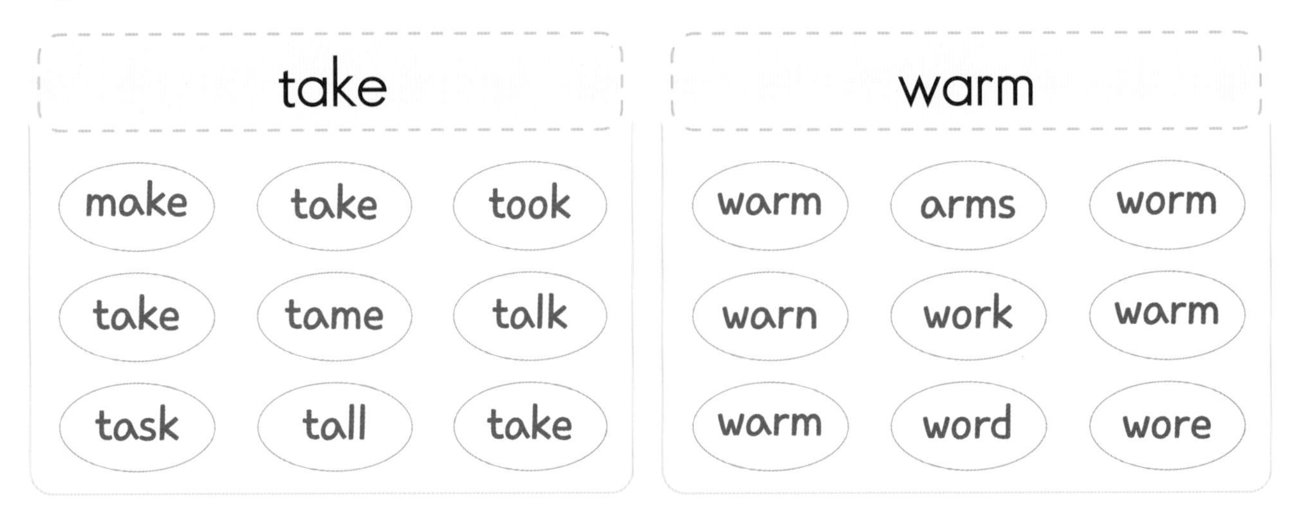

02 빈칸에 단어를 완성하고 스스로 써 보세요.

스스로 쓰기

☐ a ☐ e t ☐ k ☐ ⇨ ________

w ☐ ☐ m ☐ a r ☐ ⇨ ________

take, warm과 같이 쓰이는
단어들도 함께 배워 봐요.

take, warm과 자주 쓰이는 단어를 따라 써 보세요.

sock 양말	Take your warm socks. 너의 따뜻한 양말 (한 켤레)를 가지고 가라.
boot 부츠, 장화	Take your warm boots. 너의 따뜻한 부츠 (한 켤레)를 가지고 가라.
scarf 목도리, 스카프	Take your warm scarf. 너의 따뜻한 목도리를 가지고 가라.

04 빈칸에 알맞은 단어를 넣어 통문장을 완성해 보세요.

Take your ______ socks.

너의 따뜻한 양말 (한 켤레)를 가지고 가라.

______ your warm boots.

너의 따뜻한 부츠 (한 켤레)를 가지고 가라.

______ your ______ scarf.

너의 따뜻한 목도리를 가지고 가라.

Is it sunny or cloudy out there?

밖에 화창하니 아니면 흐리니?

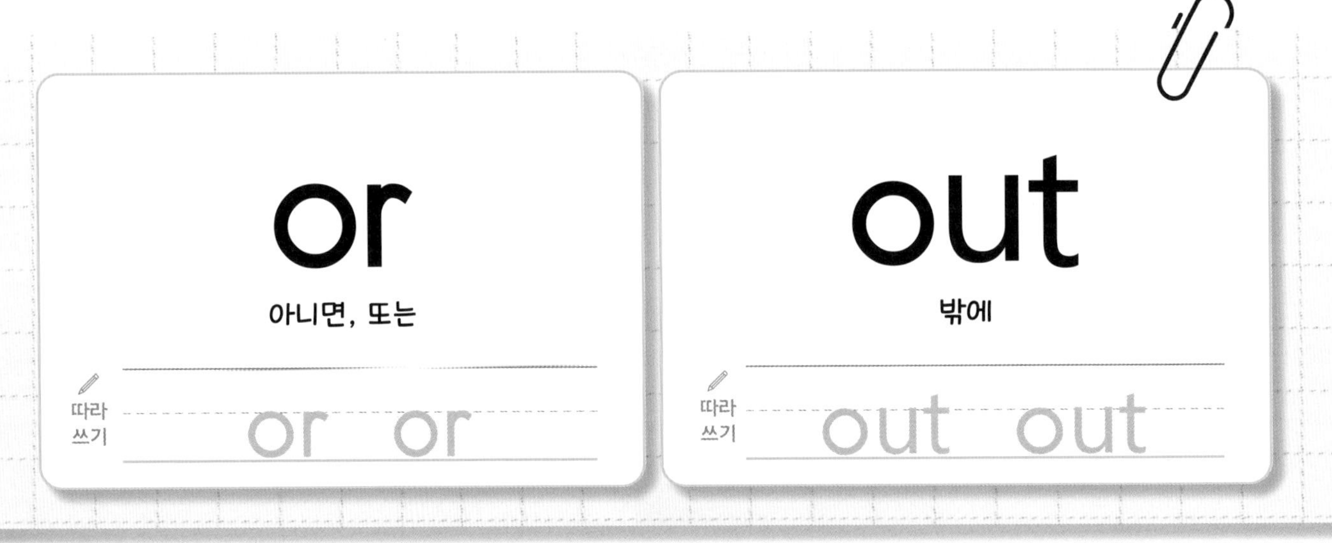

01 오늘의 단어를 찾아 색칠해 보세요.

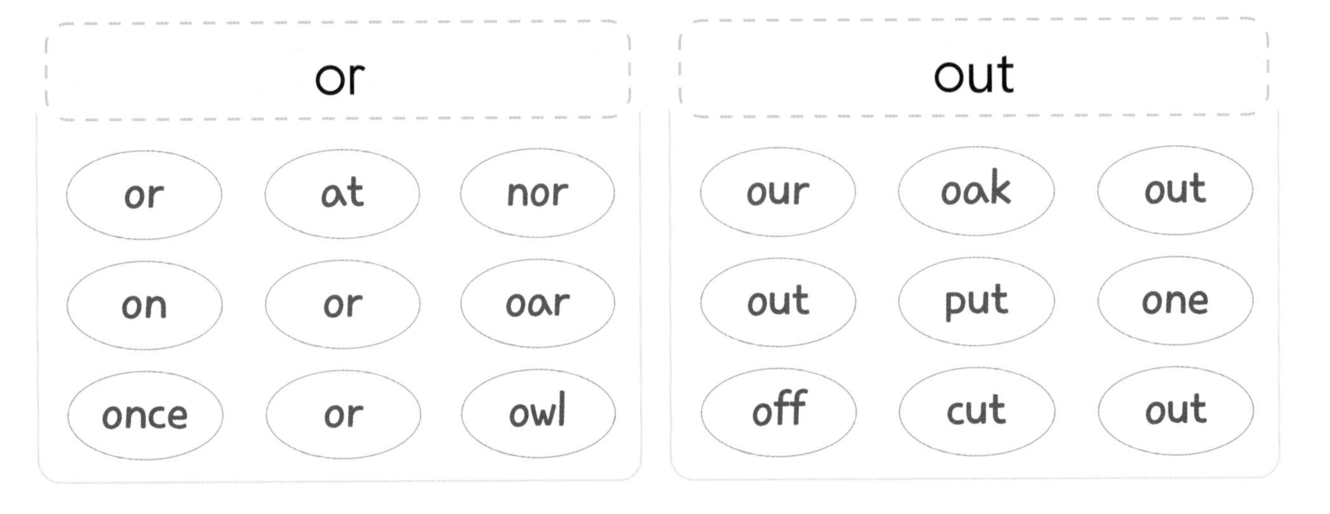

02 빈칸에 단어를 완성하고 스스로 써 보세요.

스스로 쓰기

☐ r　o ☐ ⇨

☐ u ☐　o ☐ t ⇨

or, out과 같이 쓰이는
단어들도 함께 배워 봐요.

03 or, out과 자주 쓰이는 단어를 따라 써 보세요.

sunny / cloudy 화창한 / 흐린	Is it sunny or cloudy out there? 밖에 화창하니 아니면 흐리니?
windy / stormy 바람이 부는 / 폭풍우 치는	Is it windy or stormy out there? 밖에 바람이 부니 아니면 폭풍우가 치니?
snowy / rainy 눈이 오는 / 비가 오는	Is it snowy or rainy out there? 밖에 눈이 오니 아니면 비가 오니?

04 빈칸에 알맞은 단어를 넣어 통문장을 완성해 보세요.

Is it sunny | or | cloudy | ____ | there ?

밖에 화창하니 아니면 흐리니?

Is it windy | ____ | stormy | out | there ?

밖에 바람이 부니 아니면 폭풍우가 치니?

Is it snowy | ____ | rainy | ____ | there ?

밖에 눈이 오니 아니면 비가 오니?

How many robots?

얼마나 많은 로봇들이 있니?

01 오늘의 단어를 찾아 색칠해 보세요.

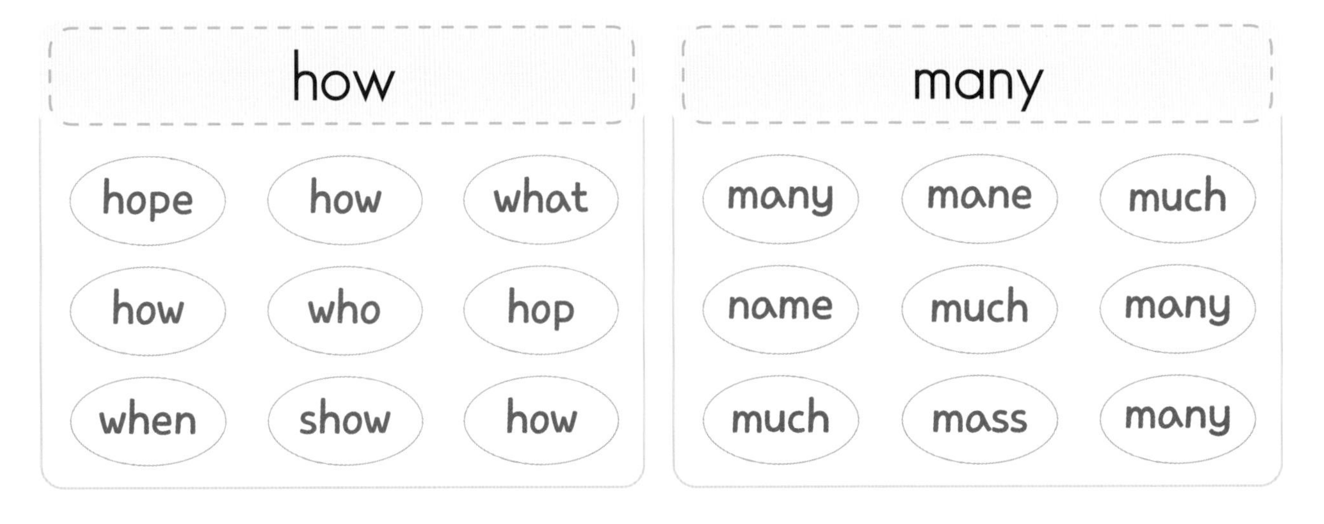

02 빈칸에 단어를 완성하고 스스로 써 보세요.

스스로 쓰기

h ☐ w ☐ o ☐ ⇒

m ☐ ☐ y ☐ a n ☐ ⇒

03 how, many와 자주 쓰이는 단어를 따라 써 보세요.

04 빈칸에 알맞은 단어를 넣어 통문장을 완성해 보세요.

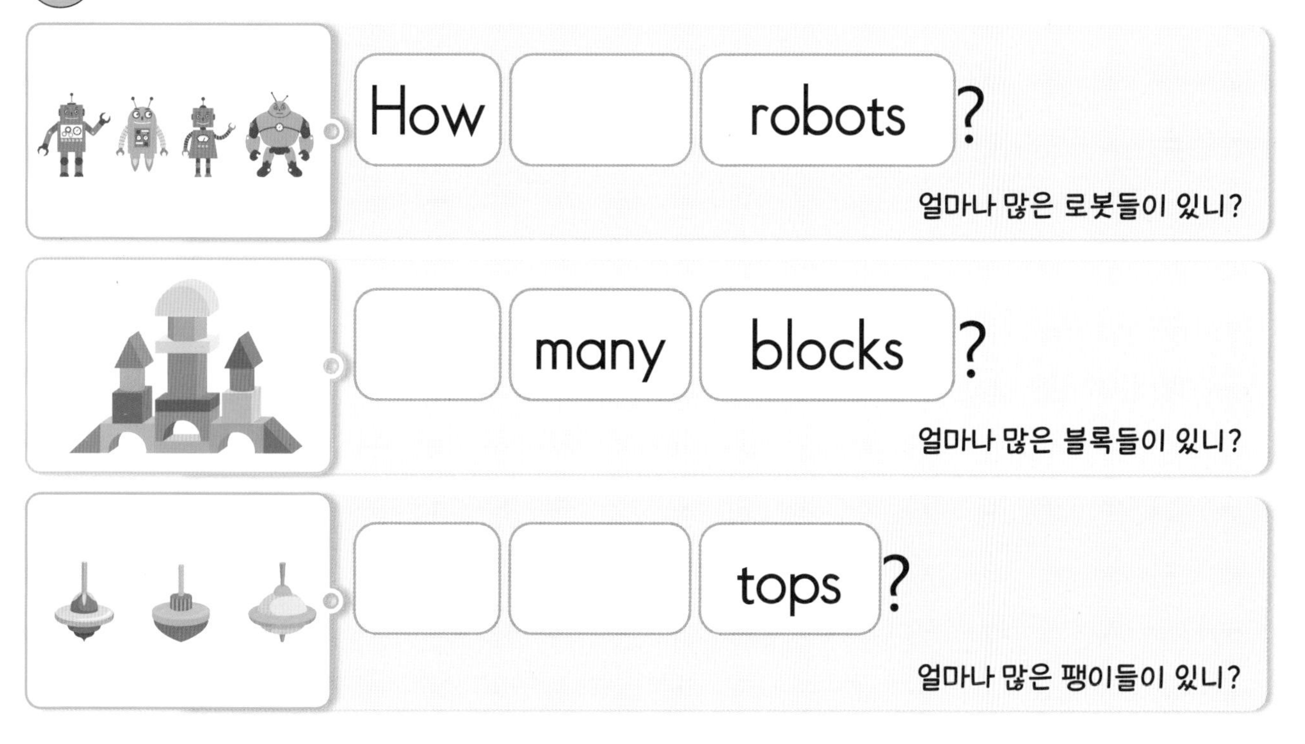

Which season do you like best?

너는 어떤 계절을 가장 좋아하니?

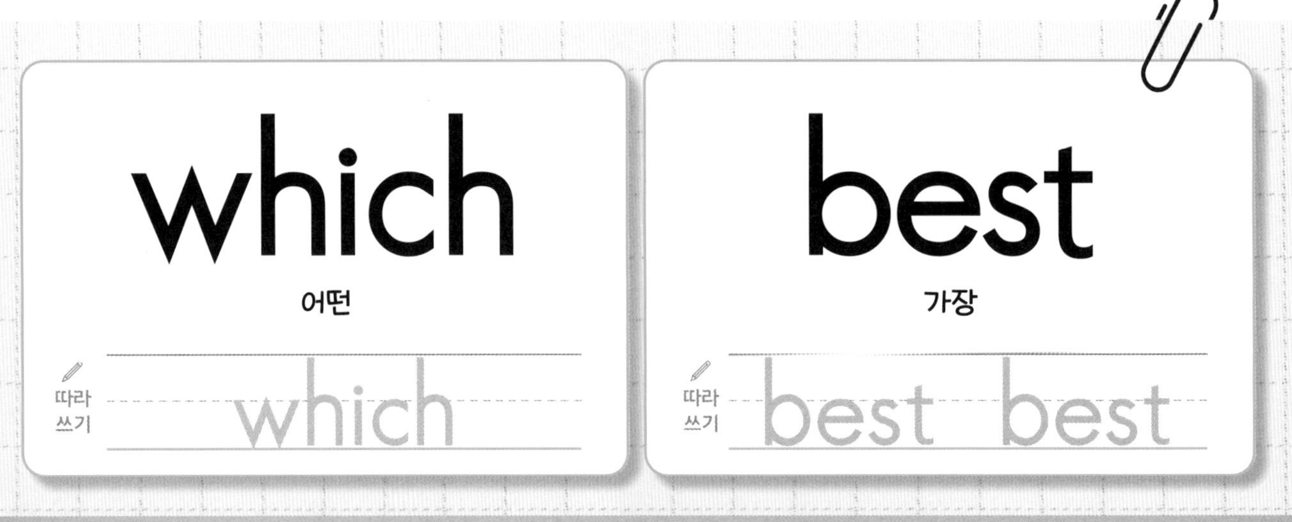

01 오늘의 단어를 찾아 색칠해 보세요.

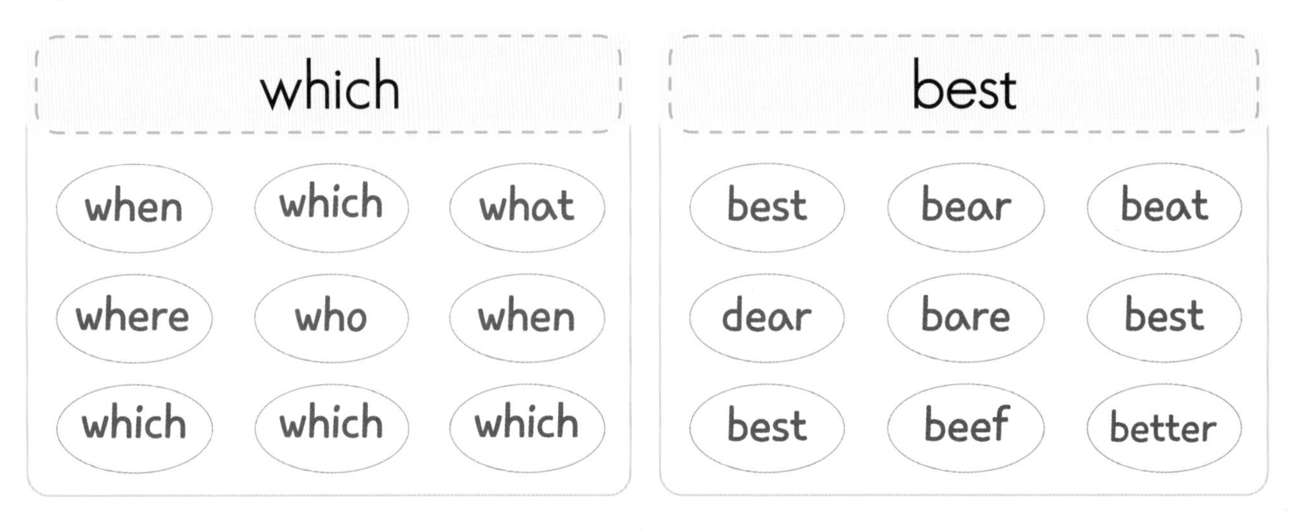

02 빈칸에 단어를 완성하고 스스로 써 보세요.

스스로 쓰기

☐ h ☐ ☐ h ⇒

b ☐ ☐ t ☐ e s ☐ ⇒

which, best와 같이 쓰이는
단어들도 함께 배워 봐요.

03 which, best와 자주 쓰이는 단어를 따라 써 보세요.

season 계절	Which season do you like best? 너는 어떤 계절을 가장 좋아하니?
fruit 과일	Which fruit do you like best? 너는 어떤 과일을 가장 좋아하니?
color 색	Which color do you like best? 너는 어떤 색을 가장 좋아하니?

04 빈칸에 알맞은 단어를 넣어 통문장을 완성해 보세요.

Which | season | do you like | ______ ?

너는 어떤 계절을 가장 좋아하니?

______ | fruit | do you like | best ?

너는 어떤 과일을 가장 좋아하니?

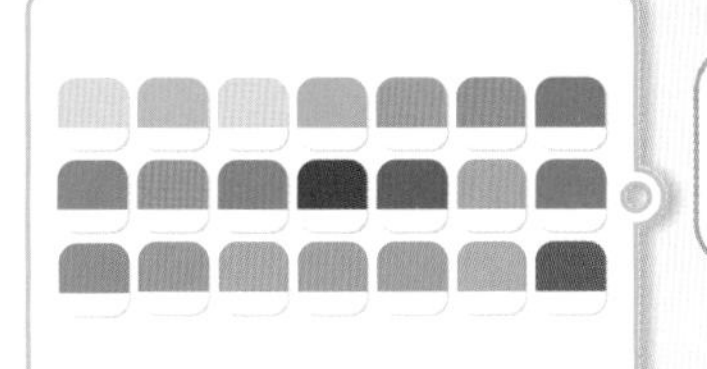

______ | color | do you like | ______ ?

너는 어떤 색을 가장 좋아하니?

통문장 연습하기 _ Unit 27 & 28

다음 통문장을 큰소리로 읽으면서 써 보세요.

01

Take your warm socks.

너의 따뜻한 양말 (한 켤레)를 가지고 가라.

⇒ Take your warm socks.

boot

너의 따뜻한 부츠 (한 켤레)를 가지고 가라.

⇒ Take your warm .

scarf

너의 따뜻한 목도리를 가지고 가라.

⇒

02

Is it sunny or cloudy out there?

밖에 화창하니 아니면 흐리니?

⇒ Is it sunny or cloudy out there?

windy / stormy

밖에 바람이 부니 아니면 폭풍우가 치니?

⇒ Is it or out there?

snowy / rainy

밖에 눈이 오니 아니면 비가 오니?

⇒

03 How many robots?

얼마나 많은 로봇들이 있니?

⇒ How many robots?

block 얼마나 많은 블록들이 있니?

⇒ How many ?

top 얼마나 많은 팽이들이 있니?

⇒

04 Which season do you like best?

어떤 계절을 가장 좋아하니?

⇒ Which season do you like best?

fruit 어떤 과일을 가장 좋아하니?

⇒ Which do you like best?

color 어떤 색을 가장 좋아하니?

⇒

May I use your pen?

너의 펜을 사용해도 되니?

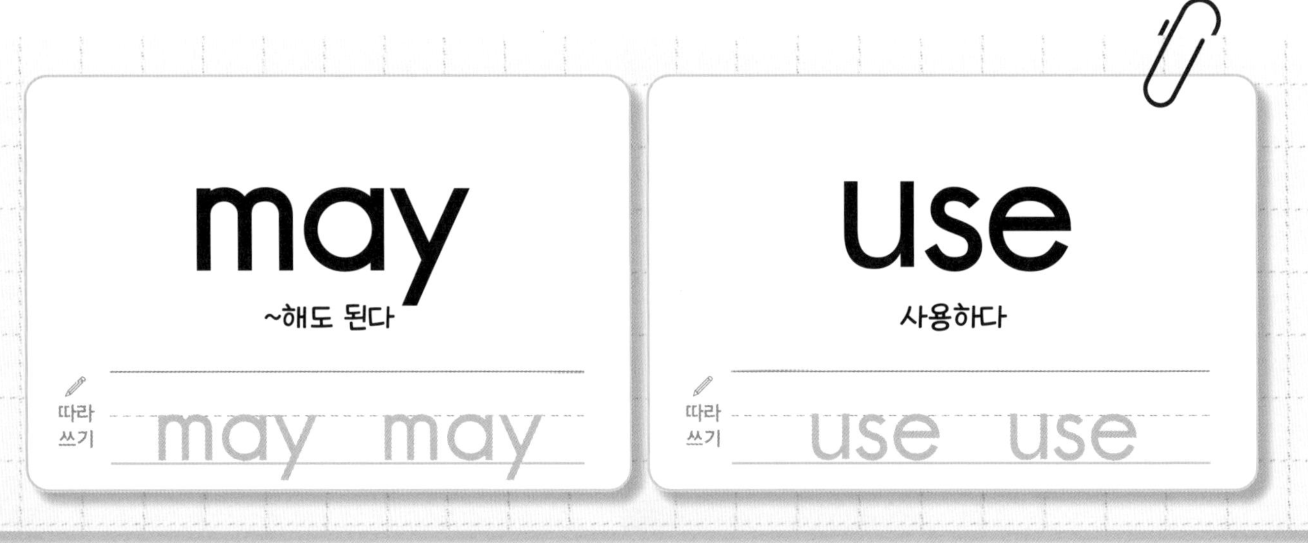

01 오늘의 단어를 찾아 색칠해 보세요.

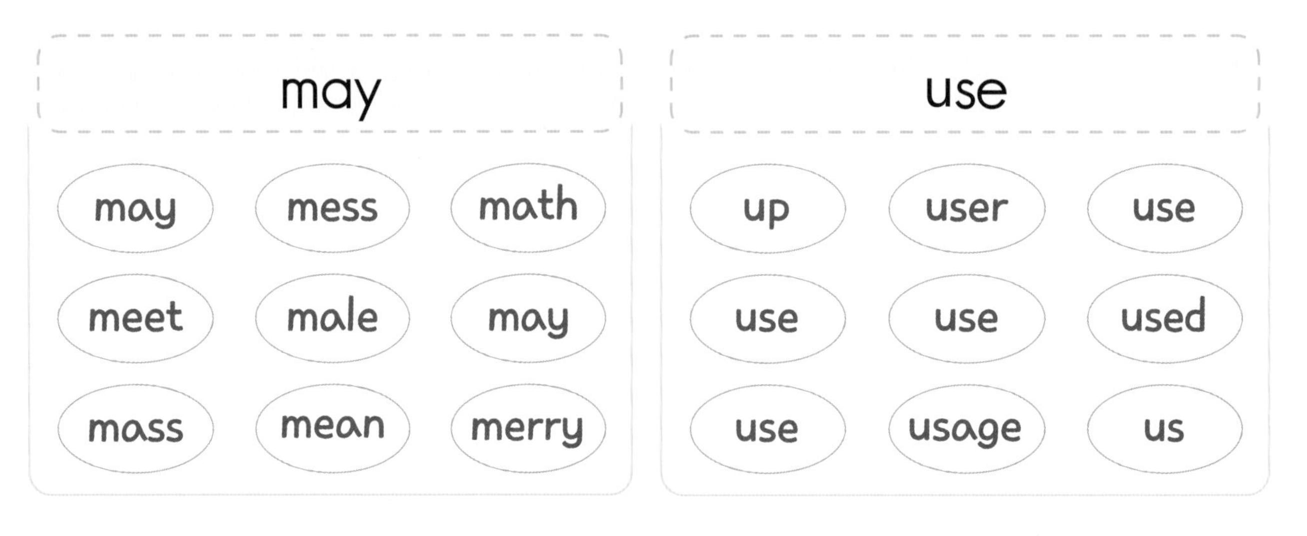

02 빈칸에 단어를 완성하고 스스로 써 보세요.

스스로 쓰기

a m y

u e s

may, use와 같이 쓰이는
단어들도 함께 배워 봐요.

03 may, use와 자주 쓰이는 단어를 따라 써 보세요.

pen 펜	May I use your pen? 너의 펜을 사용해도 되니?
phone 전화기	May I use your phone? 너의 전화기를 사용해도 되니?
computer 컴퓨터	May I use your computer? 너의 컴퓨터를 사용해도 되니?

04 빈칸에 알맞은 단어를 넣어 통문장을 완성해 보세요.

May I ____ your pen ?

너의 펜을 사용해도 되니?

____ I use your phone ?

너의 전화기를 사용해도 되니?

____ I ____ your computer ?

너의 컴퓨터를 사용해도 되니?

I think he ate ice cream.

나는 그가 아이스크림을 먹었다고 생각한다.

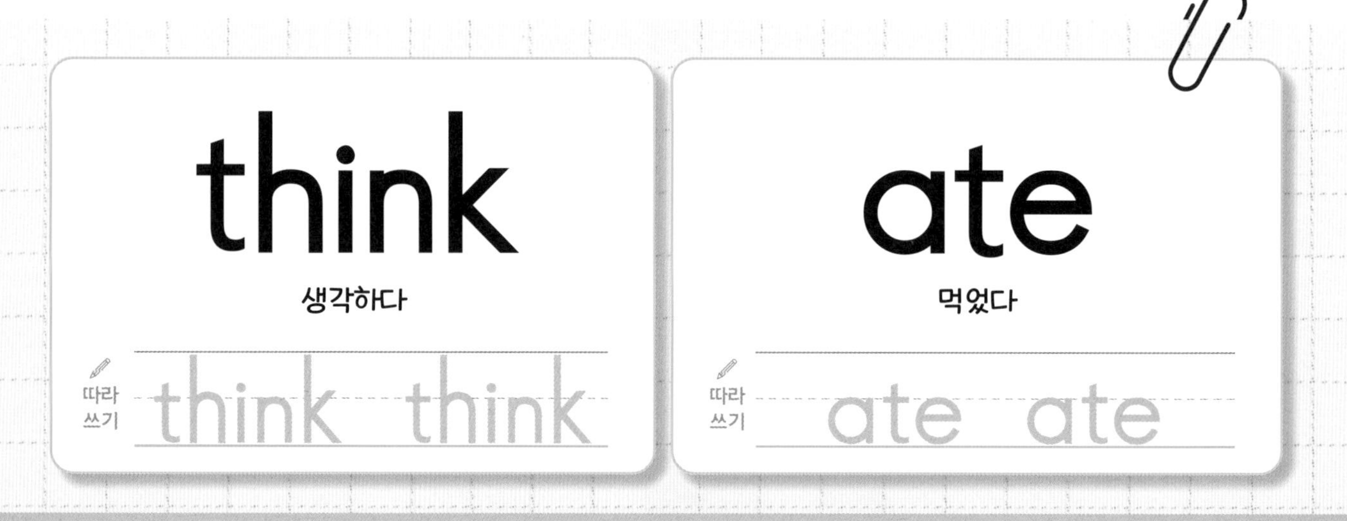

01 오늘의 단어를 찾아 색칠해 보세요.

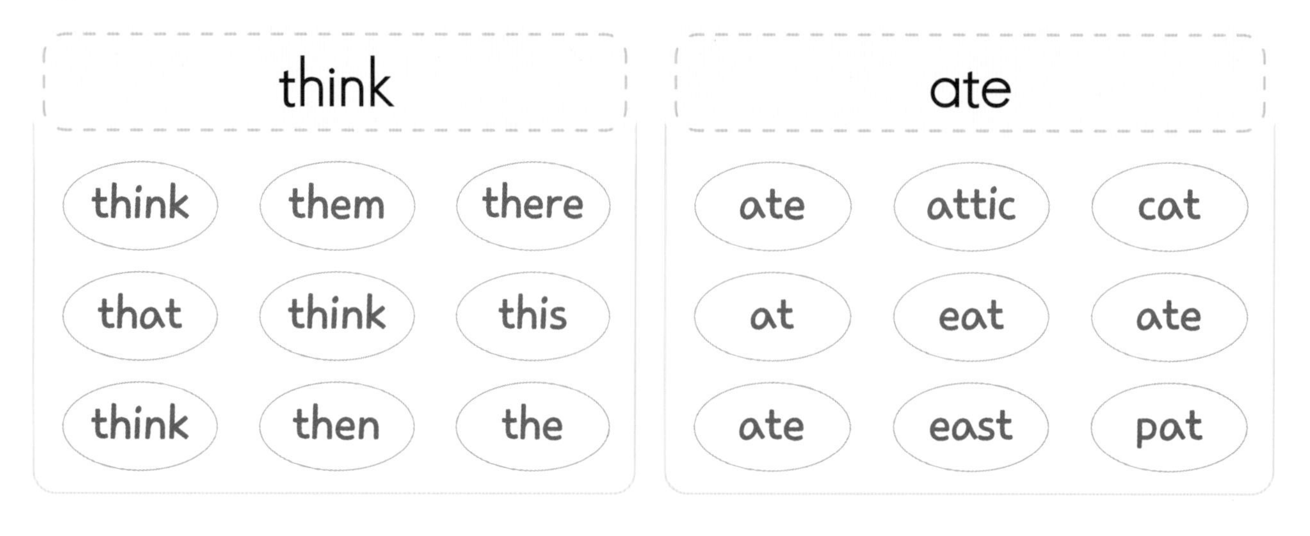

02 빈칸에 단어를 완성하고 스스로 써 보세요.

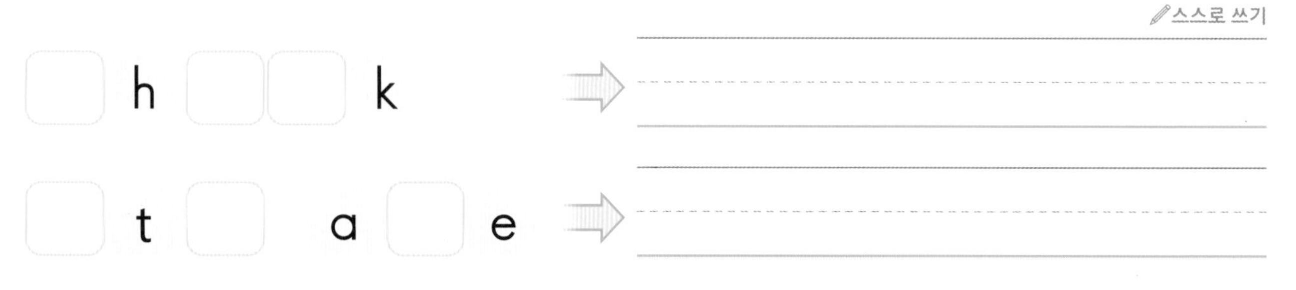

think, ate와 같이 쓰이는
단어들도 함께 배워 봐요.

03 think, ate와 자주 쓰이는 단어를 따라 써 보세요.

ice cream 아이스크림	I think he ate ice cream. 나는 그가 아이스크림을 먹었다고 생각한다.
cake 케이크	I think he ate cake. 나는 그가 케이크를 먹었다고 생각한다.
chocolate 초콜릿	I think he ate chocolate. 나는 그가 초콜릿을 먹었다고 생각한다.

04 빈칸에 알맞은 단어를 넣어 통문장을 완성해 보세요.

I think he ____ ice cream.

나는 그가 아이스크림을 먹었다고 생각한다.

I ____ he ate cake.

나는 그가 케이크를 먹었다고 생각한다.

I ____ he ____ chocolate.

나는 그가 초콜릿을 먹었다고 생각한다.

I pick apples in fall.

나는 가을에 사과들을 딴다.

01 오늘의 단어를 찾아 색칠해 보세요.

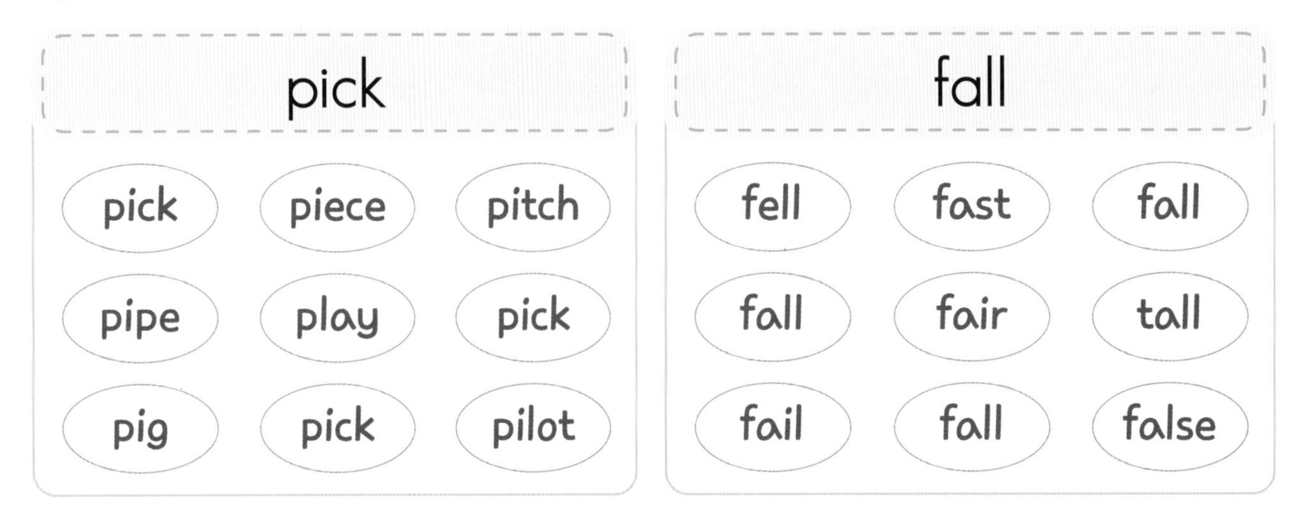

02 빈칸에 단어를 완성하고 스스로 써 보세요.

스스로 쓰기

☐ i ☐ k p ☐ c ☐ ⇒

f ☐ ☐ l ☐ a l ☐ ⇒

pick, fall과 같이 쓰이는
단어들도 함께 배워 봐요.

03 pick, fall과 자주 쓰이는 단어를 따라 써 보세요.

apple 사과	I pick apples in fall. 나는 가을에 사과들을 딴다.
grape 포도	I pick grapes in fall. 나는 가을에 포도들을 딴다.
pear 배	I pick pears in fall. 나는 가을에 배들을 딴다.

04 빈칸에 알맞은 단어를 넣어 통문장을 완성해 보세요.

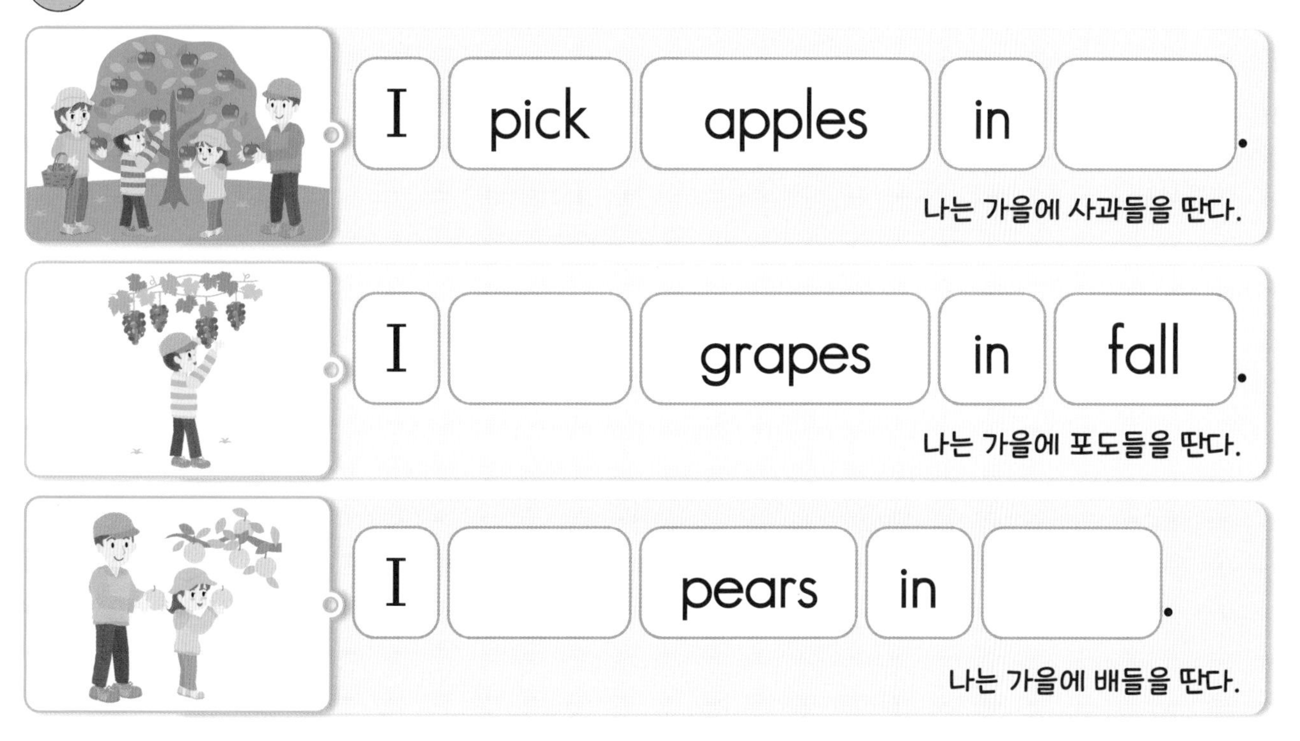

She went around the park.

그녀는 공원을 돌아다녔다.

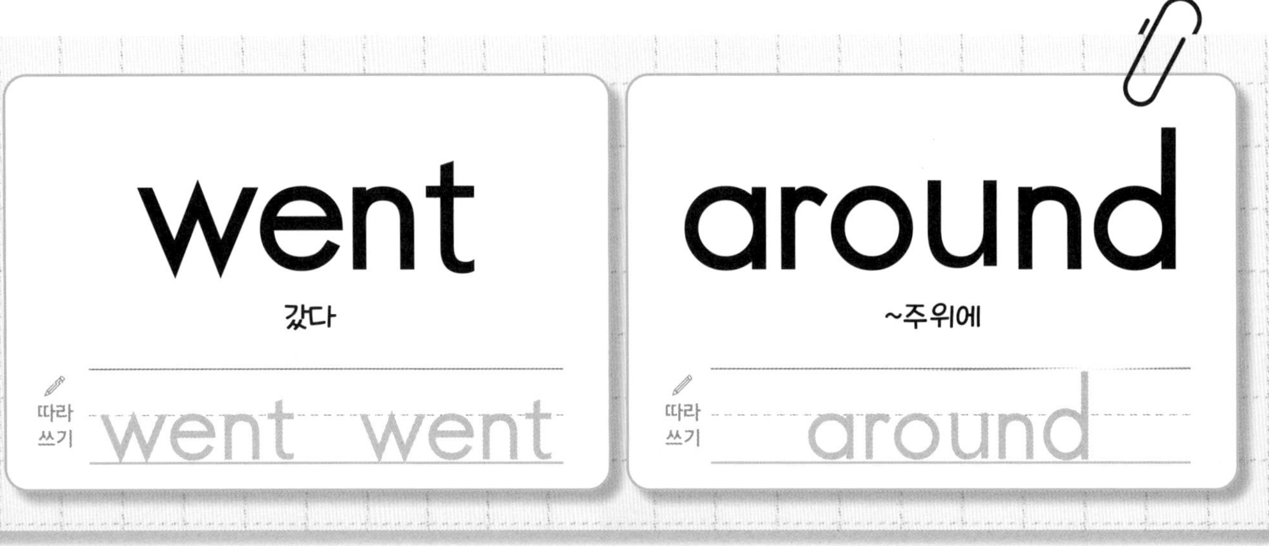

01 오늘의 단어를 찾아 색칠해 보세요.

went

went	well	wear
were	weak	went
when	went	way

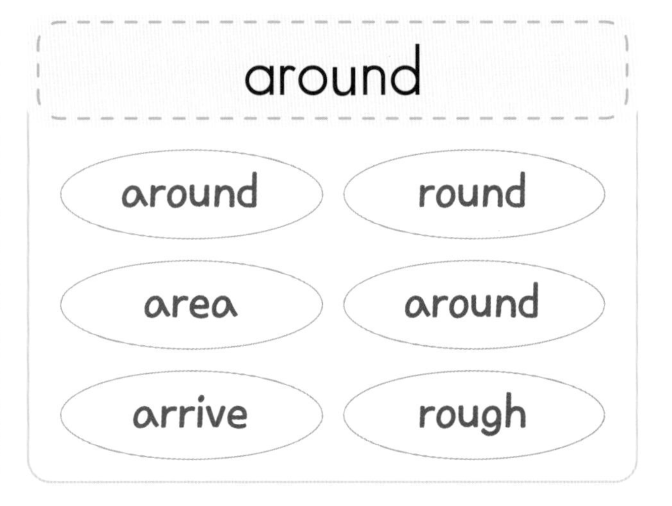

02 빈칸에 단어를 완성하고 스스로 써 보세요.

스스로 쓰기

☐ e n ☐ w ☐ ☐ t ⇒ ____________

☐ r ☐ u ☐ d ⇒ ____________

went, around와 같이 쓰이는
단어들도 함께 배워 봐요.

03 went, around와 자주 쓰이는 단어를 따라 써 보세요.

park 공원	She went around the park. 그녀는 공원을 돌아다녔다.
hill 언덕	She went around the hill. 그녀는 언덕을 돌아다녔다.
beach 해변	She went around the beach. 그녀는 해변을 돌아다녔다.

04 빈칸에 알맞은 단어를 넣어 통문장을 완성해 보세요.

She | went | ______ | the park.
그녀는 공원을 돌아다녔다.

She | ______ | around | the hill.
그녀는 언덕을 돌아다녔다.

She | ______ | ______ | the beach.
그녀는 해변을 돌아다녔다.

REVIEW 15

통문장 연습하기 _ Unit 29 & 30

다음 통문장을 큰소리로 읽으면서 써 보세요.

01

May I use your pen?

너의 펜을 사용해도 되니?

⇒ May I use your pen?

phone 너의 전화기를 사용해도 되니?

⇒ May I use your ?

computer 너의 컴퓨터를 사용해도 되니?

⇒

02

I think he ate ice cream.

나는 그가 아이스크림을 먹었다고 생각한다.

⇒ I think he ate ice cream.

cake 나는 그가 케이크을 먹었다고 생각한다.

⇒ I think he ate .

chocolate 나는 그가 초콜릿을 먹었다고 생각한다.

⇒

03

I pick apples in fall.

나는 가을에 사과들을 딴다.

⇒ I pick apples in fall.

grape

나는 가을에 포도들을 딴다.

⇒ I pick in fall.

pear

나는 가을에 배들을 딴다.

⇒

04

She went around the park.

그녀는 공원을 돌아다녔다.

⇒ She went around the park.

hill

그녀는 언덕을 돌아다녔다.

⇒ She went around the .

beach

그녀는 해변을 돌아다녔다.

⇒

Sight Word

정답 찾아보기

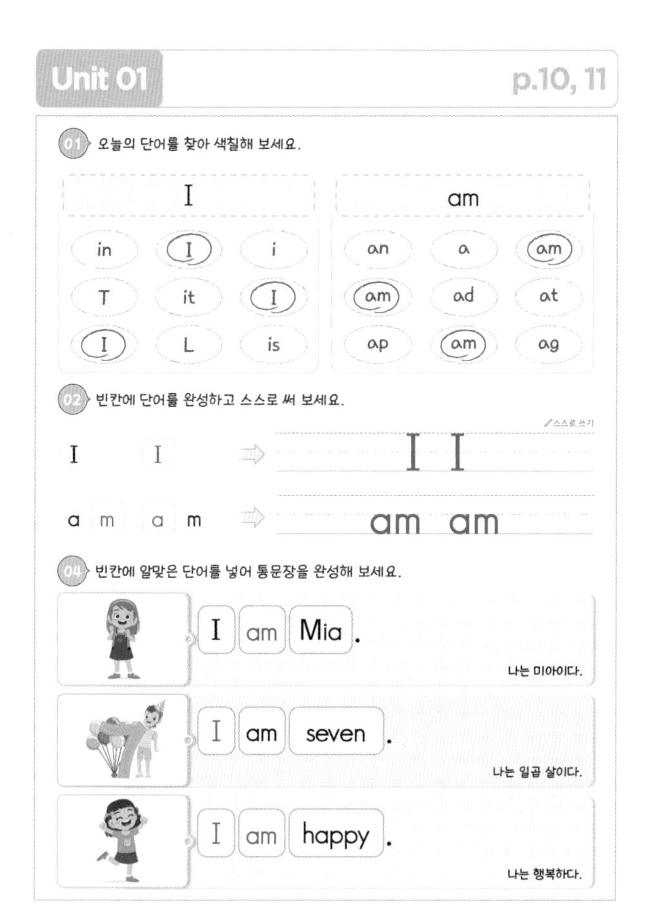
Unit 01 p.10, 11

01 오늘의 단어를 찾아 색칠해 보세요.

I			am		
in	(I)	i	an	a	(am)
T	it	(I)	(am)	ad	at
(I)	L	is	ap	(am)	ag

02 빈칸에 단어를 완성하고 스스로 써 보세요.

스스로 쓰기

I I ⇨ I I

a m a m ⇨ am am

04 빈칸에 알맞은 단어를 넣어 통문장을 완성해 보세요.

I am Mia. 나는 미아이다.

I am seven. 나는 일곱 살이다.

I am happy. 나는 행복하다.

Unit 01 p.12, 13

01 오늘의 단어를 찾아 색칠해 보세요.

have			a		
has	(have)	had	an	(a)	am
home	ham	here	(a)	ad	at
(have)	hive	(have)	ap	am	(a)

02 빈칸에 단어를 완성하고 스스로 써 보세요.

스스로 쓰기

h a v e h a v e ⇨ have

a a ⇨ a a

04 빈칸에 알맞은 단어를 넣어 통문장을 완성해 보세요.

I have a dog. 나는 개 한 마리를 가지고 있다.

I have a cat. 나는 고양이 한 마리를 가지고 있다.

I have a pig. 나는 돼지 한 마리를 가지고 있다.

Unit 02 p.14, 15

01 오늘의 단어를 찾아 색칠해 보세요.

this			is		
that	his	(this)	it	(is)	as
than	(this)	these	(is)	(is)	ill
there	then	(this)	us	id	(is)

02 빈칸에 단어를 완성하고 스스로 써 보세요.

스스로 쓰기

t h i s t h i s ⇨ this this

i s i s ⇨ is is

04 빈칸에 알맞은 단어를 넣어 통문장을 완성해 보세요.

This is a bird. 이것은 새다.

This is a frog. 이것은 개구리다.

This is a bee. 이것은 벌이다.

Unit 02 p.16, 17

01 오늘의 단어를 찾아 색칠해 보세요.

it			can		
in	I	(it)	(can)	cam	tan
is	(it)	id	cap	cad	(can)
at	ed	(it)	cat	(can)	dan

02 빈칸에 단어를 완성하고 스스로 써 보세요.

스스로 쓰기

i t i t ⇨ it it

c a n c a n ⇨ can can

04 빈칸에 알맞은 단어를 넣어 통문장을 완성해 보세요.

It can sing. 그것은 노래할 수 있다.

It can talk. 그것은 말할 수 있다.

It can dance. 그것은 춤출 수 있다.

REVIEW 01 | p.18

REVIEW 01 통문장 연습하기 _ Unit 1 & 2

다음 통문장을 큰소리로 읽으면서 써 보세요.

01 I am Mia. 나는 미아이다.
⇨ I am Mia.

seven 나는 일곱 살이다.
⇨ I am seven.

happy 나는 행복하다.
⇨ I am happy.

02 I have a dog. 나는 개 한 마리를 가지고 있다.
⇨ I have a dog.

cat 나는 고양이 한 마리를 가지고 있다.
⇨ I have a cat.

pig 나는 돼지 한 마리를 가지고 있다.
⇨ I have a pig.

18

REVIEW 01 | p.19

Sentence

03 This is a bird. 이것은 새다.
⇨ This is a bird.

frog 이것은 개구리다.
⇨ This is a frog.

bee 이것은 벌이다.
⇨ This is a bee.

04 It can sing. 그것은 노래할 수 있다.
⇨ It can sing.

talk 그것은 말할 수 있다.
⇨ It can talk.

dance 그것은 춤출 수 있다.
⇨ It can dance.

19

Unit 03 p.20, 21

01 오늘의 단어를 찾아 색칠해 보세요.

he: she, his, (he), hat, (he), me, hey, sea, (he)

my: (my), me, (my), am, (my), at, joy, by, (my)

02 빈칸에 단어를 완성하고 스스로 써 보세요. 스스로 쓰기

h e h e ⇨ he he

m y m y ⇨ my my

04 빈칸에 알맞은 단어를 넣어 통문장을 완성해 보세요.

He is my dad. 그는 나의 아빠이다.

He is my uncle. 그는 나의 삼촌이다.

He is my brother. 그는 나의 남동생이다.

Unit 03 p.22, 23

01 오늘의 단어를 찾아 색칠해 보세요.

his: (his), he, this, is, it, (his), him, (his), her

new: dew, (new), now, (new), no, wow, not, do, (new)

02 빈칸에 단어를 완성하고 스스로 써 보세요. 스스로 쓰기

h i s h i s ⇨ his his

n e w n e w ⇨ new new

04 빈칸에 알맞은 단어를 넣어 통문장을 완성해 보세요.

It is his new pencil. 그것은 그의 새 연필이다.

It is his new toy. 그것은 그의 새 장난감이다.

It is his new bag. 그것은 그의 새 가방이다.

Unit 04 p.24, 25

01 오늘의 단어를 찾아 색칠해 보세요.

you			are		
use	(you)	yes	(are)	an	am
(you)	yey	they	red	(are)	here
out	my	(you)	and	ate	(are)

02 빈칸에 단어를 완성하고 스스로 써 보세요.

스스로 쓰기

y o u y o u ⇨ you you

a r e a r e ⇨ are are

04 빈칸에 알맞은 단어를 넣어 통문장을 완성해 보세요.

You are my friend. 너는 나의 친구이다.

You are my family. 너는 나의 가족이다.

You are my sister. 너는 나의 여동생이다.

Unit 04 p.26, 27

01 오늘의 단어를 찾아 색칠해 보세요.

do			like		
dog	bo	(do)	lake	(like)	lie
(do)	does	zoo	cake	love	(like)
dow	(do)	dot	(like)	kick	bike

02 빈칸에 단어를 완성하고 스스로 써 보세요.

스스로 쓰기

d o d o ⇨ do do

l i k e l i k e ⇨ like like

04 빈칸에 알맞은 단어를 넣어 통문장을 완성해 보세요.

Do you like books? 너는 책들을 좋아하니?

Do you like games? 너는 게임들을 좋아하니?

Do you like movies? 너는 영화들을 좋아하니?

REVIEW 02 | p.28

REVIEW 02 통문장 연습하기 _ Unit 3 & 4

다음 통문장을 큰소리로 읽으면서 써 보세요.

01 He is my dad. 그는 나의 아빠이다.
⇨ He is my dad.

uncle 그는 나의 삼촌이다.
⇨ He is my uncle.

brother 그는 나의 남동생이다.
⇨ He is my brother.

02 It is his new pencil. 그것은 그의 새 연필이다.
⇨ It is his new pencil.

toy 그것은 그의 새 장난감이다.
⇨ It is his new toy.

bag 그것은 그의 새 가방이다.
⇨ It is his new bag.

28

REVIEW 02 | p.29

Sentence

03 You are my friend. 너는 나의 친구이다.
⇨ You are my friend.

family 너는 나의 가족이다.
⇨ You are my family.

sister 너는 나의 여동생이다.
⇨ You are my sister.

04 Do you like books? 너는 책들을 좋아하니?
⇨ Do you like books?

game 너는 게임들을 좋아하니?
⇨ Do you like games?

movie 너는 영화들을 좋아하니?
⇨ Do you like movies?

29

Unit 05
p.30, 31
01 오늘의 단어를 찾아 색칠해 보세요.
want
wind want ant
win want went
want won band
some
son some sin
sun come some
some same dome
02 빈칸에 단어를 완성하고 스스로 써 보세요.
스스로 쓰기
w a n t w a n t
want want
s o m e s o m e
some some
04 빈칸에 알맞은 단어를 넣어 통문장을 완성해 보세요.
Do you want some pizza ?
너는 피자를 좀 원하니?
Do you want some bread ?
너는 빵을 좀 원하니?
Do you want some water ?
너는 물을 좀 원하니?

Unit 05
p.32, 33
01 오늘의 단어를 찾아 색칠해 보세요.
no
no not on
in no nut
do no net
full
full fall fell
fill null fur
ill fuel full
02 빈칸에 단어를 완성하고 스스로 써 보세요.
스스로 쓰기
n o n o
no no
f u l l f u l l
full full
04 빈칸에 알맞은 단어를 넣어 통문장을 완성해 보세요.
No, I'm full.
아니, 나는 배부르다.
No, he's full.
아니, 그는 배부르다.
No, you're full.
아니, 너는 배부르다.

Unit 06
p.34, 35
01 오늘의 단어를 찾아 색칠해 보세요.
has
has as have
his hat has
her has had
two
too toe two
two to want
won took two
02 빈칸에 단어를 완성하고 스스로 써 보세요.
스스로 쓰기
h a s h a s
has has
t w o t w o
two two
04 빈칸에 알맞은 단어를 넣어 통문장을 완성해 보세요.
She has two dolls.
그녀는 인형 두 개를 가지고 있다.
She has two balls.
그녀는 공 두 개를 가지고 있다.
She has two fans.
그녀는 부채 두 개를 가지고 있다.

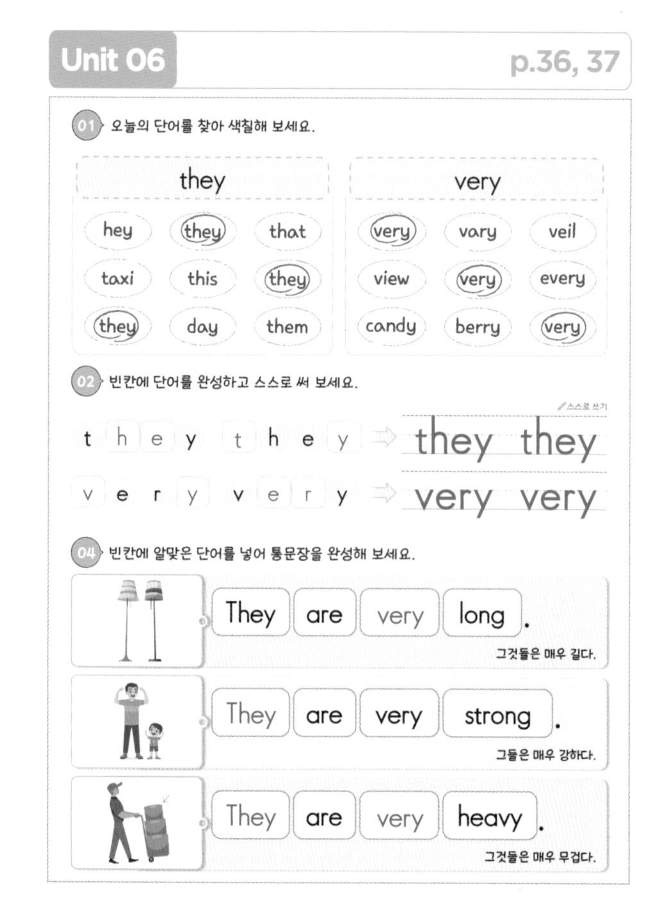
Unit 06
p.36, 37
01 오늘의 단어를 찾아 색칠해 보세요.
they
hey they that
taxi this they
they day them
very
very vary veil
view very every
candy berry very
02 빈칸에 단어를 완성하고 스스로 써 보세요.
스스로 쓰기
t h e y t h e y
they they
v e r y v e r y
very very
04 빈칸에 알맞은 단어를 넣어 통문장을 완성해 보세요.
They are very long.
그것들은 매우 길다.
They are very strong.
그들은 매우 강하다.
They are very heavy.
그것들은 매우 무겁다.

REVIEW 03 | p.38

REVIEW 03 통문장 연습하기 _ Unit 5 & 6

다음 통문장을 큰소리로 읽으면서 써 보세요.

01 Do you want some pizza? 너는 피자를 좀 원하니?
⇨ Do you want some pizza?

bread 너는 빵을 좀 원하니?
⇨ Do you want some bread?

water 너는 물을 좀 원하니?
⇨ Do you want some water?

02 No, I'm full. 아니, 나는 배부르다.
⇨ No, I'm full.

he's 아니, 그는 배부르다.
⇨ No, he's full.

you're 아니, 너는 배부르다.
⇨ No, you're full.

38

REVIEW 03 | p.39

Sentence

03 She has two dolls. 그녀는 인형 두 개를 가지고 있다.
⇨ She has two dolls.

ball 그녀는 공 두 개를 가지고 있다.
⇨ She has two balls.

fan 그녀는 부채 두 개를 가지고 있다.
⇨ She has two fans.

04 They are very long. 그것들은 매우 길다.
⇨ They are very long.

strong 그들은 매우 강하다.
⇨ They are very strong.

heavy 그것들은 매우 무겁다.
⇨ They are very heavy.

39

Unit 07 p.42, 43

01 오늘의 단어를 찾아 색칠해 보세요.

we			play		
(we)	wed	wee	clay	(play)	lay
he	she	(we)	pray	pay	(play)
win	wow	(we)	(play)	day	fly

02 빈칸에 단어를 완성하고 스스로 써 보세요.

스스로 쓰기

w e w e ⇨ we we

p l a y p l a y ⇨ play play

04 빈칸에 알맞은 단어를 넣어 통문장을 완성해 보세요.

We can play soccer. 우리는 축구를 할 수 있다.

We can play baseball. 우리는 야구를 할 수 있다.

We can play basketball. 우리는 농구를 할 수 있다.

Unit 07 p.44, 45

01 오늘의 단어를 찾아 색칠해 보세요.

come			to		
(come)	com	cam	for	(to)	on
dome	con	(come)	(to)	too	do
can	(come)	co	two	(to)	tow

02 빈칸에 단어를 완성하고 스스로 써 보세요.

스스로 쓰기

c o m e c o m e ⇨ come come

t o t o ⇨ to to

04 빈칸에 알맞은 단어를 넣어 통문장을 완성해 보세요.

Come to my party. 내 파티에 와.

Come to my house. 내 집으로 와.

Come to my room. 내 방으로 와.

Unit 08 p.46, 47

01 오늘의 단어를 찾아 색칠해 보세요.

in			your		
(in)	at	i	you	(your)	our
on	it	(in)	yard	youth	you
im	(in)	is	yak	(your)	yoyo

02 빈칸에 단어를 완성하고 스스로 써 보세요.

스스로 쓰기

i n / i n ⇨ in in

y o u r / y o u r ⇨ your your

04 빈칸에 알맞은 단어를 넣어 통문장을 완성해 보세요.

It is in your box. 그것은 너의 상자 안에 있다.

It is in your bottle. 그것은 너의 병 안에 있다.

It is in your basket. 그것은 너의 바구니 안에 있다.

Unit 08 p.48, 49

01 오늘의 단어를 찾아 색칠해 보세요.

what			the		
(what)	why	how	he	she	(the)
who	way	(what)	tea	(the)	her
where	(what)	we	ten	thin	(the)

02 빈칸에 단어를 완성하고 스스로 써 보세요.

스스로 쓰기

w h a t / w h a t ⇨ what what

t h e / t h e ⇨ the the

04 빈칸에 알맞은 단어를 넣어 통문장을 완성해 보세요.

What is in the hat? 그 모자 안에 무엇이 있니?

What is in the pocket? 그 주머니 안에 무엇이 있니?

What is in the jar? 그 (잼) 병 안에 무엇이 있니?

REVIEW 04 p.50

REVIEW 04 통문장 연습하기 _Unit 7 & 8

다음 통문장을 큰소리로 읽으면서 써 보세요.

01 We can play soccer. 우리는 축구를 할 수 있다.
⇨ We can play soccer.

baseball 우리는 야구를 할 수 있다.
⇨ We can play baseball.

basketball 우리는 농구를 할 수 있다.
⇨ We can play basketball.

02 Come to my party. 내 파티에 와.
⇨ Come to my party.

house 내 집으로 와.
⇨ Come to my house.

room 내 방으로 와.
⇨ Come to my room.

50

REVIEW 04 p.51

Sentence

03 It is in your box. 그것은 너의 상자 안에 있다.
⇨ It is in your box.

bottle 그것은 너의 병 안에 있다.
⇨ It is in your bottle.

basket 그것은 너의 바구니 안에 있다.
⇨ It is in your basket.

04 What is in the hat? 그 모자 안에 무엇이 있니?
⇨ What is in the hat?

pocket 그 주머니 안에 무엇이 있니?
⇨ What is in the pocket?

jar 그 (잼) 병 안에 무엇이 있니?
⇨ What is in the jar?

51

Unit 09 p.52, 53

01 오늘의 단어를 찾아 색칠해 보세요.

look			at		
look	duck	bike	at	an	am
loop	look	lake	all	it	at
look	root	look	at	to	ate

02 빈칸에 단어를 완성하고 스스로 써 보세요.

스스로 쓰기

l o o k l o o k ⇒ look look

a t a t ⇒ at at

04 빈칸에 알맞은 단어를 넣어 통문장을 완성해 보세요.

Look at the stars. 그 별들을 봐.

Look at the flowers. 그 꽃들을 봐.

Look at the trees. 그 나무들을 봐.

Unit 09 p.54, 55

01 오늘의 단어를 찾아 색칠해 보세요.

must			them		
most	must	nut	their	they	them
much	must	many	the	them	that
use	may	must	them	this	him

02 빈칸에 단어를 완성하고 스스로 써 보세요.

스스로 쓰기

m u s t m u s t ⇒ must must

t h e m t h e m ⇒ them them

04 빈칸에 알맞은 단어를 넣어 통문장을 완성해 보세요.

I must wash them. 나는 그것들을 세탁해야 한다.

I must read them. 나는 그것들을 읽어야 한다.

I must water them. 나는 그것들에 물을 줘야 한다.

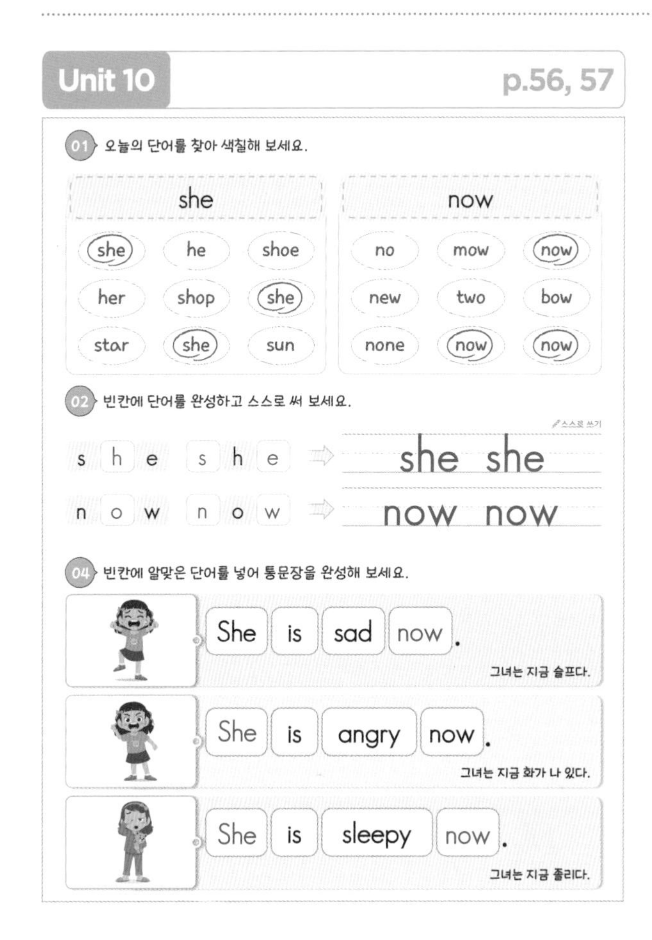

Unit 10 p.56, 57

01 오늘의 단어를 찾아 색칠해 보세요.

she			now		
she	he	shoe	no	mow	now
her	shop	she	new	two	bow
star	she	sun	none	now	now

02 빈칸에 단어를 완성하고 스스로 써 보세요.

스스로 쓰기

s h e s h e ⇒ she she

n o w n o w ⇒ now now

04 빈칸에 알맞은 단어를 넣어 통문장을 완성해 보세요.

She is sad now. 그녀는 지금 슬프다.

She is angry now. 그녀는 지금 화가 나 있다.

She is sleepy now. 그녀는 지금 졸리다.

Unit 10 p.58, 59

01 오늘의 단어를 찾아 색칠해 보세요.

love			her		
love	like	lot	she	his	her
lock	log	love	her	here	our
look	love	leaf	he	her	host

02 빈칸에 단어를 완성하고 스스로 써 보세요.

스스로 쓰기

l o v e l o v e ⇒ love love

h e r h e r ⇒ her her

04 빈칸에 알맞은 단어를 넣어 통문장을 완성해 보세요.

I love her smile. 나는 그녀의 미소를 매우 좋아한다.

I love her hair. 나는 그녀의 머리(카락)을 매우 좋아한다.

I love her voice. 나는 그녀의 목소리를 매우 좋아한다.

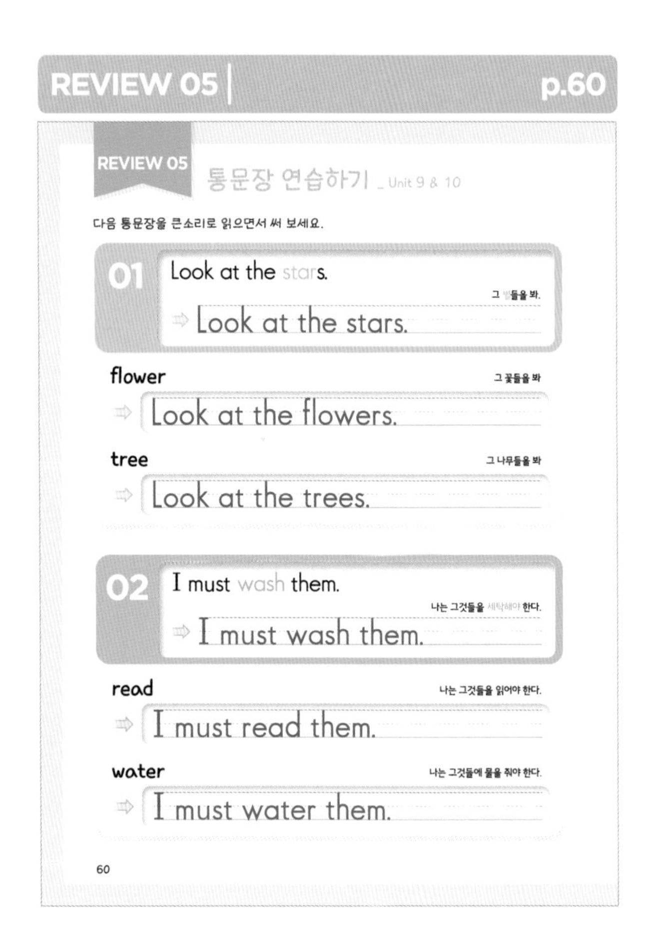
REVIEW 05 | p.60

REVIEW 05 통문장 연습하기 _ Unit 9 & 10

다음 통문장을 큰소리로 읽으면서 써 보세요.

01 Look at the stars. 그 별들을 봐.
⇨ Look at the stars.

flower 그 꽃들을 봐
⇨ Look at the flowers.

tree 그 나무들을 봐
⇨ Look at the trees.

02 I must wash them. 나는 그것들을 세탁해야 한다.
⇨ I must wash them.

read 나는 그것들을 읽어야 한다.
⇨ I must read them.

water 나는 그것들에 물을 줘야 한다.
⇨ I must water them.

60

REVIEW 05 | p.61

Sentence

03 She is sad now. 그녀는 지금 슬프다.
⇨ She is sad now.

angry 그녀는 지금 화가 나 있다.
⇨ She is angry now.

sleepy 그녀는 지금 졸리다.
⇨ She is sleepy now.

04 I love her smile. 나는 그녀의 미소를 매우 좋아한다.
⇨ I love her smile.

hair 나는 그녀의 머리(카락)을 매우 좋아한다.
⇨ I love her hair.

voice 나는 그녀의 목소리를 매우 좋아한다.
⇨ I love her voice.

61

Unit 11 p.62, 63

01 오늘의 단어를 찾아 색칠해 보세요.

too: toe, (too), to, (too), two, toe, look, took, (too)

small: mall, snail, (small), (small), smog, sail, smell, smile, (small)

02 빈칸에 단어를 완성하고 스스로 써 보세요.

t o o t o o ⇨ too

s m a l l s m a l l ⇨ small

04 빈칸에 알맞은 단어를 넣어 통문장을 완성해 보세요.

It's too small. 그것은 너무 작다.

She's too small. 그녀는 너무 작다.

They're too small. 그것들은 너무 작다.

Unit 11 p.64, 65

01 오늘의 단어를 찾아 색칠해 보세요.

not: no, (not), nut, too, on, (not), (not), new, never

big: (big), bag, dig, pig, (big), bit, wig, jig, (big)

02 빈칸에 단어를 완성하고 스스로 써 보세요.

n o t n o t ⇨ not not

b i g b i g ⇨ big big

04 빈칸에 알맞은 단어를 넣어 통문장을 완성해 보세요.

The cow is not big. 그 소는 크지 않다.

The duck is not big. 그 오리는 크지 않다.

The bear is not big. 그 곰은 크지 않다.

Unit 12 p.66, 67

01 오늘의 단어를 찾아 색칠해 보세요.

make			with		
made	mate	(make)	(with)	bath	wit
note	(make)	milk	wood	path	(with)
mask	man	(make)	(with)	wed	well

02 빈칸에 단어를 완성하고 스스로 써 보세요.

스스로 쓰기

m a k e m a k e ⇨ make

w i t h w i t h ⇨ with

04 빈칸에 알맞은 단어를 넣어 통문장을 완성해 보세요.

I make breakfast with her.
나는 그녀와 함께 아침을 만든다.

I make lunch with her.
나는 그녀와 함께 점심을 만든다.

I make dinner with her.
나는 그녀와 함께 저녁을 만든다.

Unit 12 p.68, 69

01 오늘의 단어를 찾아 색칠해 보세요.

open			please	
(open)	opp	pot	plea	(please)
opera	(open)	hope	place	plant
(open)	opps	often	(please)	play

02 빈칸에 단어를 완성하고 스스로 써 보세요.

스스로 쓰기

o p e n o p e n ⇨ open

p l e a s e ⇨ please

04 빈칸에 알맞은 단어를 넣어 통문장을 완성해 보세요.

Open the door, please.
문을 열어 주세요.

Open the window, please.
창문을 열어 주세요.

Open the gate, please.
대문을 열어 주세요.

REVIEW 06 p.70

REVIEW 06 통문장 연습하기 _ Unit 11 & 12

다음 통문장을 큰소리로 읽으면서 써 보세요.

01 It's too small. 그것은 너무 작다.
⇨ It's too small.

she's 그녀는 너무 작다.
⇨ She's too small.

they're 그것들은 너무 작다.
⇨ They're too small.

02 The cow is not big. 그 소는 크지 않다.
⇨ The cow is not big.

duck 그 오리는 크지 않다.
⇨ The duck is not big.

bear 그 곰은 크지 않다.
⇨ The bear is not big.

70

REVIEW 06 p.71

Sentence

03 I make breakfast with her. 나는 그녀와 함께 아침을 만든다.
⇨ I make breakfast with her.

lunch 나는 그녀와 함께 점심을 만든다.
⇨ I make lunch with her.

dinner 나는 그녀와 함께 저녁을 만든다.
⇨ I make dinner with her.

04 Open the door, please. 문을 열어 주세요.
⇨ Open the door, please.

window 창문을 열어 주세요.
⇨ Open the window, please.

gate 대문을 열어 주세요.
⇨ Open the gate, please.

71

Unit 13
p.74, 75
01 오늘의 단어를 찾아 색칠해 보세요.
help
help heal elf
hold help heel
head heat help
me
no am me
my mat me
me mug mom
02 빈칸에 단어를 완성하고 스스로 써 보세요.
스스로 쓰기
h e l p h e l p help help
m e m e me me
04 빈칸에 알맞은 단어를 넣어 통문장을 완성해 보세요.
Help me, please.
나를 도와주세요.
He can help me.
그는 나를 도와줄 수 있다.
Can you help me?
너는 나를 도와줄 수 있니?

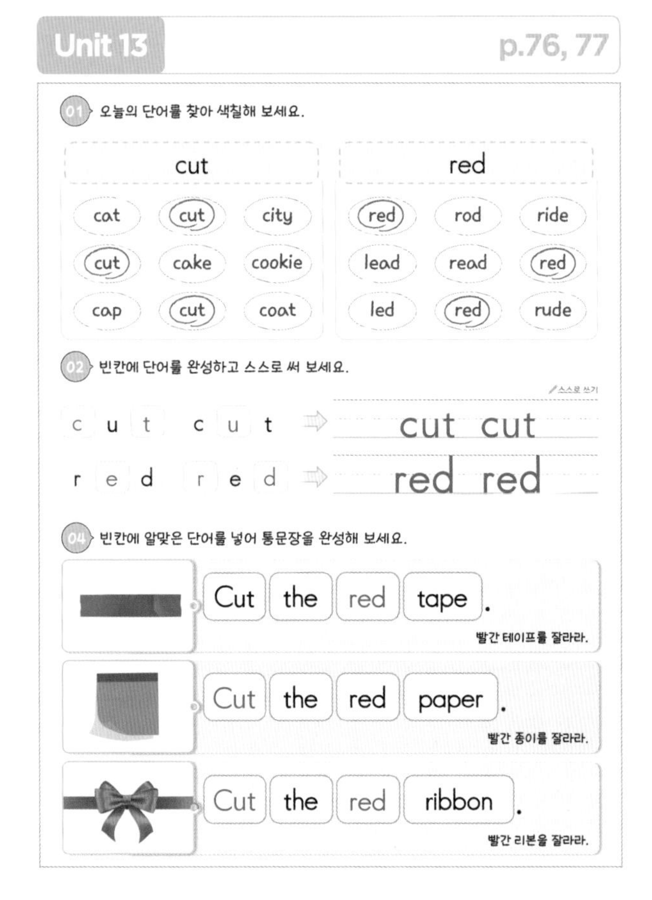
Unit 13
p.76, 77
01 오늘의 단어를 찾아 색칠해 보세요.
cut
cat cut city
cut cake cookie
cap cut coat
red
red rod ride
lead read red
led red rude
02 빈칸에 단어를 완성하고 스스로 써 보세요.
스스로 쓰기
c u t c u t cut cut
r e d r e d red red
04 빈칸에 알맞은 단어를 넣어 통문장을 완성해 보세요.
Cut the red tape.
빨간 테이프를 잘라라.
Cut the red paper.
빨간 종이를 잘라라.
Cut the red ribbon.
빨간 리본을 잘라라.

Unit 14
p.78, 79
01 오늘의 단어를 찾아 색칠해 보세요.
don't
do do not don't
don't dog doll
doesn't don't does
here
there head here
here heart heat
hear here help
02 빈칸에 단어를 완성하고 스스로 써 보세요.
스스로 쓰기
d o n' t d o n' t don't
h e r e h e r e here
04 빈칸에 알맞은 단어를 넣어 통문장을 완성해 보세요.
Don't shout here.
여기서 소리치지 마라.
Don't sit here.
여기에 앉지 마라.
Don't eat here.
여기서 먹지 마라.

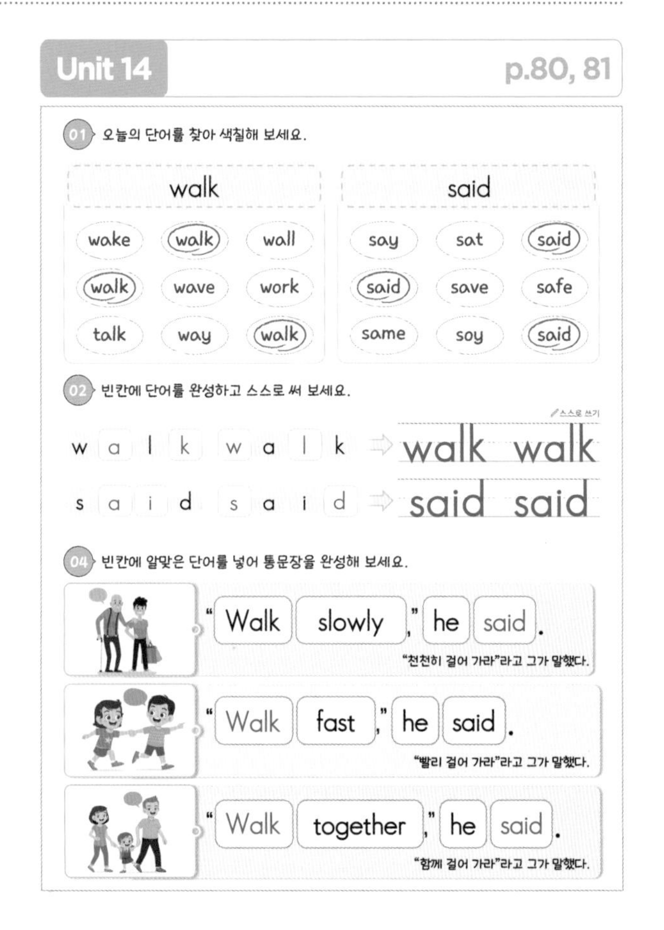
Unit 14
p.80, 81
01 오늘의 단어를 찾아 색칠해 보세요.
walk
wake walk wall
walk wave work
talk way walk
said
say sat said
said save safe
same soy said
02 빈칸에 단어를 완성하고 스스로 써 보세요.
스스로 쓰기
w a l k w a l k walk walk
s a i d s a i d said said
04 빈칸에 알맞은 단어를 넣어 통문장을 완성해 보세요.
"Walk slowly," he said.
"천천히 걸어 가라"라고 그가 말했다.
"Walk fast," he said.
"빨리 걸어 가라"라고 그가 말했다.
"Walk together," he said.
"함께 걸어 가라"라고 그가 말했다.

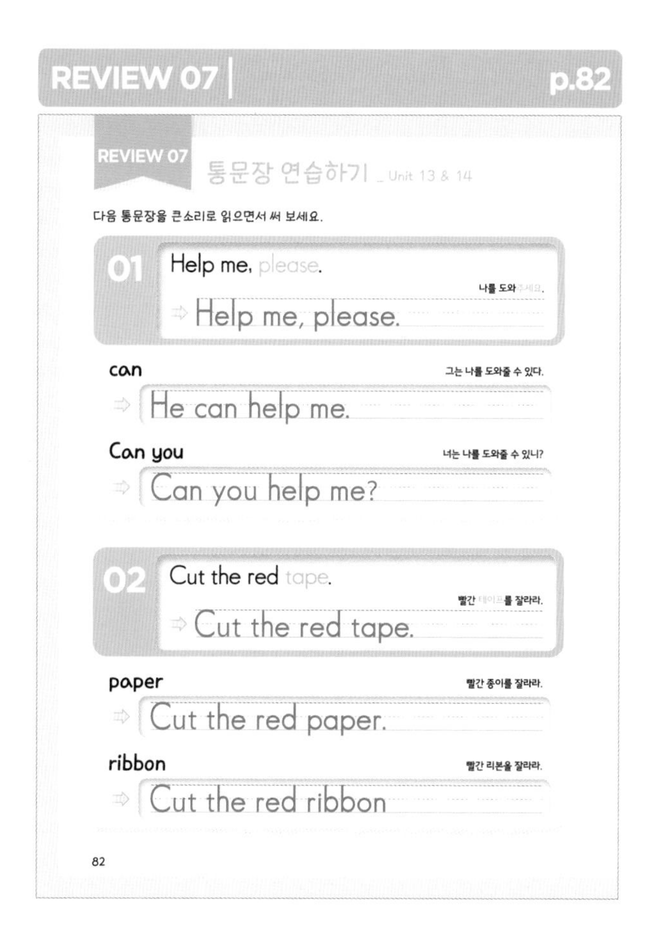
REVIEW 07 | p.82

REVIEW 07 통문장 연습하기 _ Unit 13 & 14

다음 통문장을 큰소리로 읽으면서 써 보세요.

01 Help me, please. 나를 도와 주세요.
⇨ Help me, please.

can 그는 나를 도와줄 수 있다.
⇨ He can help me.

Can you 너는 나를 도와줄 수 있니?
⇨ Can you help me?

02 Cut the red tape. 빨간 테이프를 잘라라.
⇨ Cut the red tape.

paper 빨간 종이를 잘라라.
⇨ Cut the red paper.

ribbon 빨간 리본을 잘라라.
⇨ Cut the red ribbon

82

REVIEW 07 | p.83

Sentence

03 Don't shout here. 여기서 소리치지 마라.
⇨ Don't shout here.

sit 여기에 앉지 마라.
⇨ Don't sit here.

eat 여기서 먹지 마라.
⇨ Don't eat here.

04 "Walk slowly," he said. "천천히 걸어 가라"라고 그가 말했다.
⇨ "Walk slowly," he said.

fast "빨리 걸어 가라"라고 그가 말했다.
⇨ "Walk fast," he said.

together "함께 걸어 가라"라고 그가 말했다.
⇨ "Walk together," he said.

83

Unit 15 | p.84, 85

01 오늘의 단어를 찾아 색칠해 보세요.

where			blue		
(where)	what	here	(blue)	blow	clue
(where)	when	hear	brow	buy	(blue)
was	were	(where)	(blue)	bee	black

02 빈칸에 단어를 완성하고 스스로 써 보세요.

스스로 쓰기

w h e r e ⇨ where

b l u e b l u e ⇨ blue blue

04 빈칸에 알맞은 단어를 넣어 통문장을 완성해 보세요.

Where is your blue cap ? 너의 파란색 모자는 어디에 있니?

Where is your blue dress ? 너의 파란색 드레스는 어디에 있니?

Where is your blue T-shirt ? 너의 파란색 티셔츠는 어디에 있니?

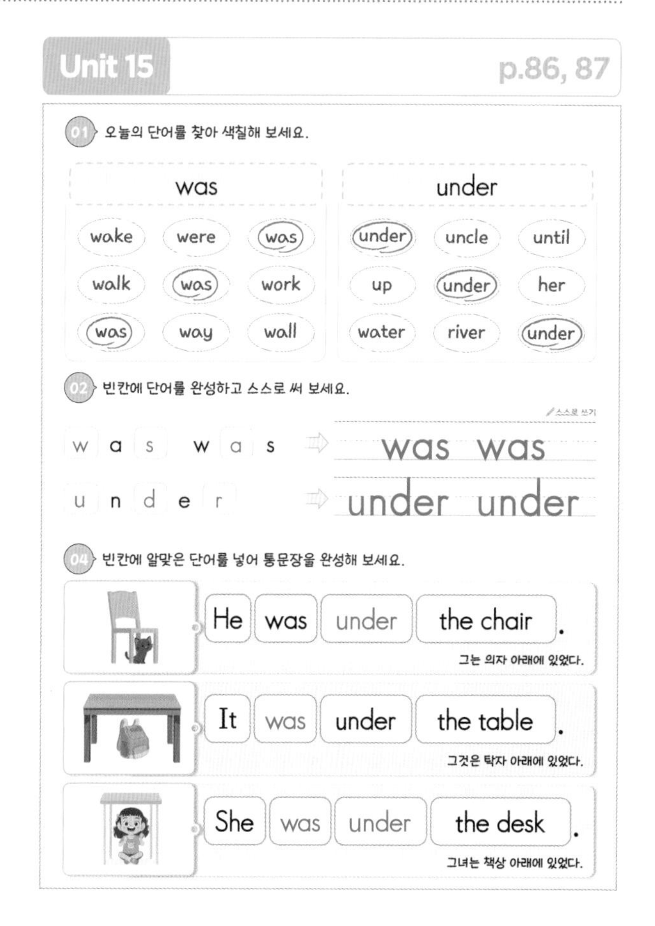
Unit 15 | p.86, 87

01 오늘의 단어를 찾아 색칠해 보세요.

was			under		
wake	were	(was)	(under)	uncle	until
walk	(was)	work	up	(under)	her
(was)	way	wall	water	river	(under)

02 빈칸에 단어를 완성하고 스스로 써 보세요.

스스로 쓰기

w a s w a s ⇨ was was

u n d e r ⇨ under under

04 빈칸에 알맞은 단어를 넣어 통문장을 완성해 보세요.

He was under the chair . 그는 의자 아래에 있었다.

It was under the table . 그것은 탁자 아래에 있었다.

She was under the desk . 그녀는 책상 아래에 있었다.

Unit 16 p.88, 89

01 오늘의 단어를 찾아 색칠해 보세요.

time: take, (time), lime, (time), tame, crime, rime, dime, (time)

for: (for), four, flu, fan, fork, (for), fire, (for), fox

02 빈칸에 단어를 완성하고 스스로 써 보세요.

스스로 쓰기

t i m e t i m e ⇨ time time

f o r f o r ⇨ for for

04 빈칸에 알맞은 단어를 넣어 통문장을 완성해 보세요.

It's time for school. 학교에 갈 시간이다.

It's time for bed. 침대를 위한(자야 할) 시간이다.

It's time for tea. 차를 마실 시간이다.

Unit 16 p.90, 91

01 오늘의 단어를 찾아 색칠해 보세요.

let's: let, (let's), letter, don't, he's, (let's), (let's), we're, she's

go: to, goat, (go), (go), gold, god, good, (go), golf

02 빈칸에 단어를 완성하고 스스로 써 보세요.

스스로 쓰기

l e t' s l e t' s ⇨ let's let's

g o g o ⇨ go go

04 빈칸에 알맞은 단어를 넣어 통문장을 완성해 보세요.

Let's go camping. 캠핑하러 가자.

Let's go fishing. 낚시하러 가자.

Let's go shopping. 쇼핑하러 가자.

REVIEW 08 p.92

REVIEW 08 통문장 연습하기 _ Unit 15 & 16

다음 통문장을 큰소리로 읽으면서 써 보세요.

01 Where is your blue cap? 너의 파란색 모자는 어디에 있니?
⇨ Where is your blue cap?

dress 너의 파란색 드레스는 어디에 있니?
⇨ Where is your blue dress?

T-shirt 너의 파란색 티셔츠는 어디에 있니?
⇨ Where is your blue T-shirt?

02 He was under the chair. 그는 의자 아래에 있었다.
⇨ He was under the chair.

table 그것은 탁자 아래에 있었다.
⇨ It was under the table.

desk 그녀는 책상 아래에 있었다.
⇨ She was under the desk.

92

REVIEW 08 p.93

Sentence

03 It's time for school. 학교에 갈 시간이다.
⇨ It's time for school.

bed 침대를 위한(자야 할) 시간이다.
⇨ It's time for bed.

tea 차를 마실 시간이다.
⇨ It's time for tea.

04 Let's go camping. 캠핑하러 가자.
⇨ Let's go camping.

fishing 낚시하러 가자.
⇨ Let's go fishing.

shopping 쇼핑하러 가자.
⇨ Let's go shopping.

93

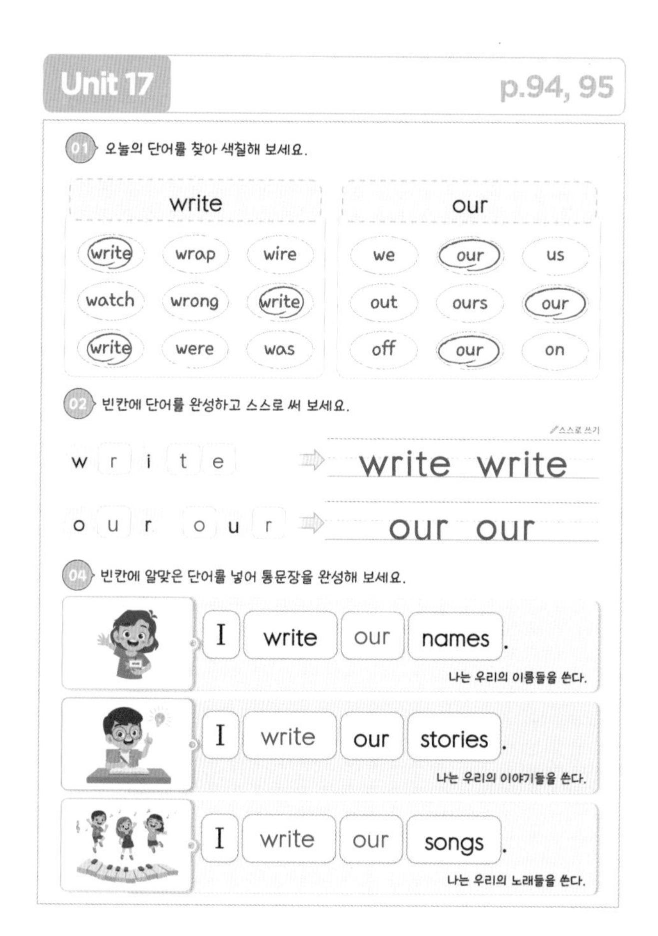

Unit 17 p.94, 95

01 오늘의 단어를 찾아 색칠해 보세요.

write			our		
(write)	wrap	wire	we	(our)	us
watch	wrong	(write)	out	ours	(our)
(write)	were	was	off	(our)	on

02 빈칸에 단어를 완성하고 스스로 써 보세요.

스스로 쓰기

w r i t e ⇒ write write

o u r o u r ⇒ our our

04 빈칸에 알맞은 단어를 넣어 통문장을 완성해 보세요.

I write our names.
나는 우리의 이름들을 쓴다.

I write our stories.
나는 우리의 이야기들을 쓴다.

I write our songs.
나는 우리의 노래들을 쓴다.

Unit 17 p.96, 97

01 오늘의 단어를 찾아 색칠해 보세요.

does			stop		
do	(does)	did	(stop)	soap	soup
(does)	dice	(does)	step	some	(stop)
door	(does)	deep	still	stuff	(stop)

02 빈칸에 단어를 완성하고 스스로 써 보세요.

스스로 쓰기

d o e s d o e s ⇒ does does

s t o p s t o p ⇒ stop stop

04 빈칸에 알맞은 단어를 넣어 통문장을 완성해 보세요.

Does the bus stop here?
그 버스는 여기에 멈추니?

Does the train stop here?
그 기차는 여기에 멈추니?

Does the subway stop here?
그 지하철은 여기에 멈추니?

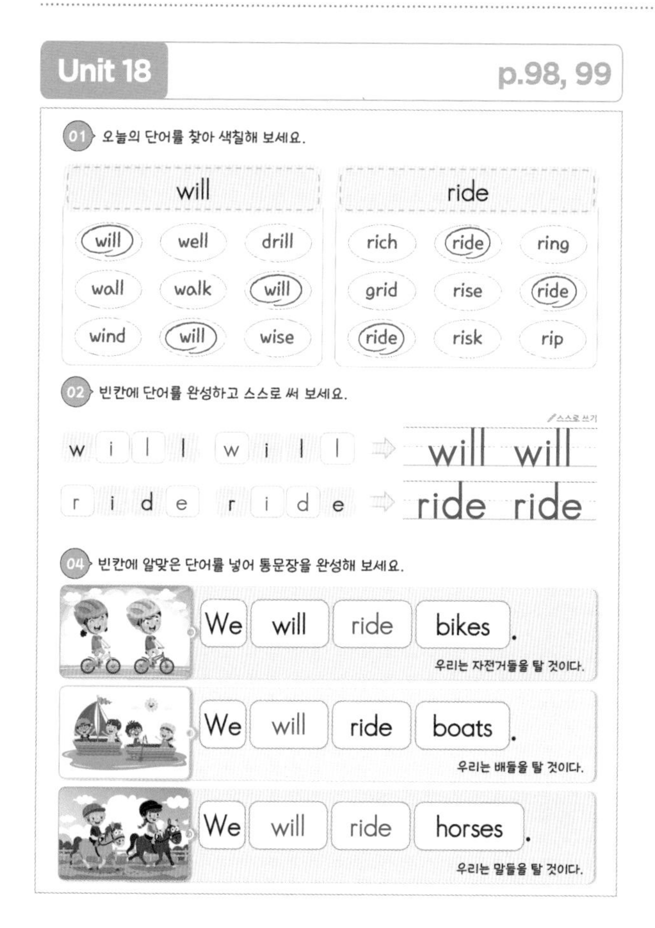

Unit 18 p.98, 99

01 오늘의 단어를 찾아 색칠해 보세요.

will			ride		
(will)	well	drill	rich	(ride)	ring
wall	walk	(will)	grid	rise	(ride)
wind	(will)	wise	(ride)	risk	rip

02 빈칸에 단어를 완성하고 스스로 써 보세요.

스스로 쓰기

w i l l w i l l ⇒ will will

r i d e r i d e ⇒ ride ride

04 빈칸에 알맞은 단어를 넣어 통문장을 완성해 보세요.

We will ride bikes.
우리는 자전거들을 탈 것이다.

We will ride boats.
우리는 배들을 탈 것이다.

We will ride horses.
우리는 말들을 탈 것이다.

Unit 18 p.100, 101

01 오늘의 단어를 찾아 색칠해 보세요.

again			soon		
(again)	gain	age	so	(soon)	soil
agree	gap	(again)	(soon)	some	soup
(again)	agate	against	sour	hood	(soon)

02 빈칸에 단어를 완성하고 스스로 써 보세요.

스스로 쓰기

a g a i n ⇒ again

s o o n s o o n ⇒ soon soon

04 빈칸에 알맞은 단어를 넣어 통문장을 완성해 보세요.

We will meet again soon.
우리는 다시 곧 만날 것이다.

We will drink again soon.
우리는 다시 곧 마실 것이다.

We will paint again soon.
우리는 다시 곧 페인트를 칠할 것이다.

REVIEW 09 | p.102

REVIEW 09 통문장 연습하기 _ Unit 17 & 18

다음 통문장을 큰소리로 읽으면서 써 보세요.

01 I write our names. 나는 우리의 이름들을 쓴다.
⇒ I write our names.

story 나는 우리의 이야기들을 쓴다.
⇒ I write our stories. (story가 여러 개일 때는 stories라고 써요.)

song 나는 우리의 노래들을 쓴다.
⇒ I write our songs.

02 Does the bus stop here? 그 버스는 여기에 멈추니?
⇒ Does the bus stop here?

train 그 기차는 여기에 멈추니?
⇒ Does the train stop here?

subway 그 지하철은 여기에 멈추니?
⇒ Does the subway stop here?

102

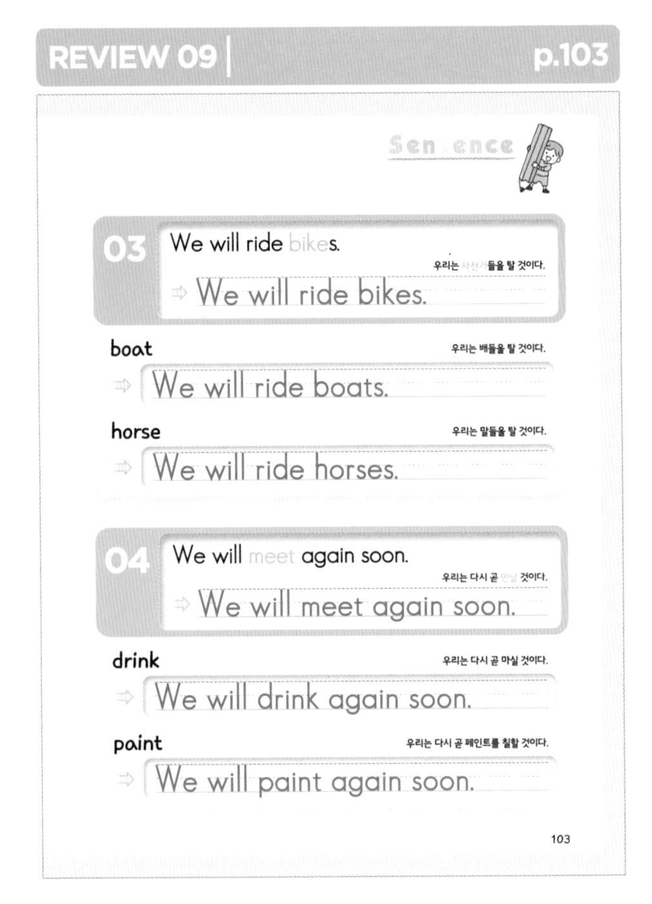

REVIEW 09 | p.103

Sentence

03 We will ride bikes. 우리는 자전거들을 탈 것이다.
⇒ We will ride bikes.

boat 우리는 배들을 탈 것이다.
⇒ We will ride boats.

horse 우리는 말들을 탈 것이다.
⇒ We will ride horses.

04 We will meet again soon. 우리는 다시 곧 만날 것이다.
⇒ We will meet again soon.

drink 우리는 다시 곧 마실 것이다.
⇒ We will drink again soon.

paint 우리는 다시 곧 페인트를 칠할 것이다.
⇒ We will paint again soon.

103

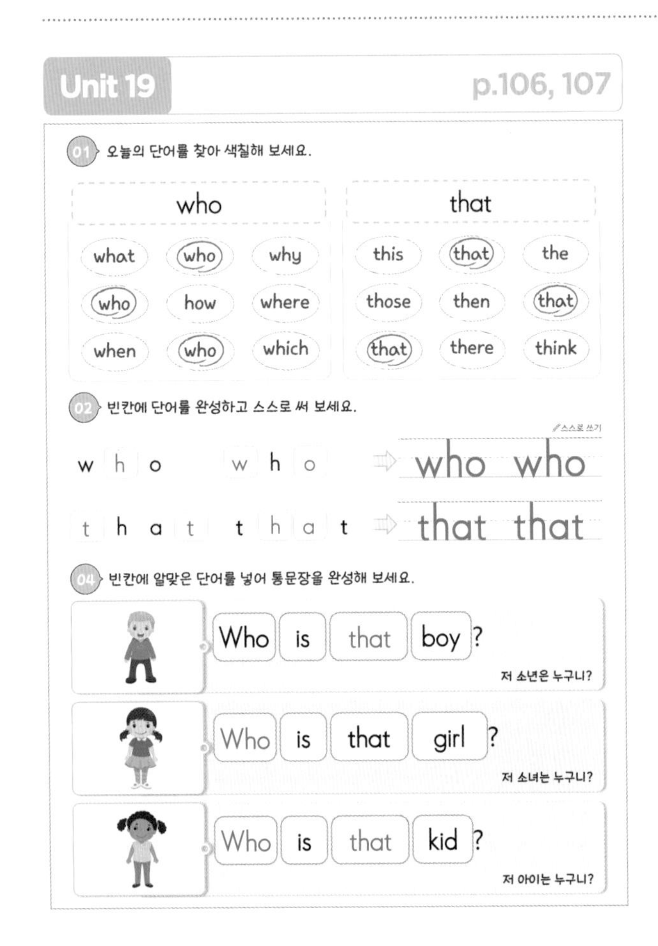

Unit 19 | p.106, 107

01 오늘의 단어를 찾아 색칠해 보세요.

who			that		
what	(who)	why	this	(that)	the
(who)	how	where	those	then	(that)
when	(who)	which	(that)	there	think

02 빈칸에 단어를 완성하고 스스로 써 보세요.

w h o w h o ⇒ who who (스스로 쓰기)

t h a t t h a t ⇒ that that

04 빈칸에 알맞은 단어를 넣어 통문장을 완성해 보세요.

Who is that boy? 저 소년은 누구니?

Who is that girl? 저 소녀는 누구니?

Who is that kid? 저 아이는 누구니?

Unit 19 | p.108, 109

01 오늘의 단어를 찾아 색칠해 보세요.

all			from		
(all)	toll	allow	frame	free	(from)
as	tall	(all)	(from)	front	flow
(all)	ally	mall	fruit	floor	(from)

02 빈칸에 단어를 완성하고 스스로 써 보세요.

a l l a l l ⇒ all all (스스로 쓰기)

f r o m f r o m ⇒ from from

04 빈칸에 알맞은 단어를 넣어 통문장을 완성해 보세요.

They are all from Korea. 그들은 모두 한국 출신이다.

They are all from Japan. 그들은 모두 일본 출신이다.

They are all from China. 그들은 모두 중국 출신이다.

Unit 20 p.110, 111

01 오늘의 단어를 찾아 색칠해 보세요.

can't			find		
let's	can't	don't	find	fine	fire
can't	candy	can	first	find	flow
can	cannot	can't	fill	fix	find

02 빈칸에 단어를 완성하고 스스로 써 보세요.

스스로 쓰기

c a n' t c a n' t ⇨ can't can't

f i n d f i n d ⇨ find find

04 빈칸에 알맞은 단어를 넣어 통문장을 완성해 보세요.

I can't find my key. 나는 내 열쇠를 찾을 수 없다.

I can't find my shoes. 나는 내 신발 (한 켤레)를 찾을 수 없다.

I can't find my gloves. 나는 내 장갑 (한 켤레)를 찾을 수 없다.

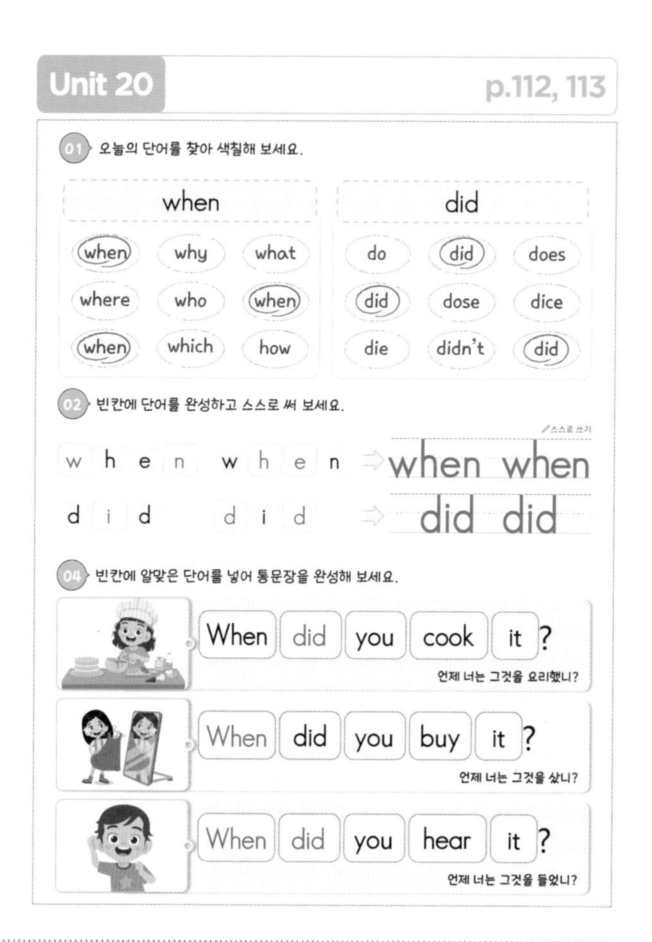

Unit 20 p.112, 113

01 오늘의 단어를 찾아 색칠해 보세요.

when			did		
when	why	what	do	did	does
where	who	when	did	dose	dice
when	which	how	die	didn't	did

02 빈칸에 단어를 완성하고 스스로 써 보세요.

스스로 쓰기

w h e n w h e n ⇨ when when

d i d d i d ⇨ did did

04 빈칸에 알맞은 단어를 넣어 통문장을 완성해 보세요.

When did you cook it? 언제 너는 그것을 요리했니?

When did you buy it? 언제 너는 그것을 샀니?

When did you hear it? 언제 너는 그것을 들었니?

REVIEW 10 | p.114

REVIEW 10 통문장 연습하기 _ Unit 19 & 20

다음 통문장을 큰소리로 읽으면서 써 보세요.

01 Who is that boy? 저 소년은 누구니?

⇨ Who is that boy?

girl 저 소녀는 누구니?

⇨ Who is that girl?

kid 저 아이는 누구니?

⇨ Who is that kid?

02 They are all from Korea. 그들은 모두 한국 출신이다.

⇨ They are all from Korea.

Japan 그들은 모두 일본 출신이다.

⇨ They are all from Japan.

China 그들은 모두 중국 출신이다.

⇨ They are all from China.

114

REVIEW 10 | p.115

Sentence

03 I can't find my key. 나는 내 열쇠를 찾을 수 없다.

⇨ I can't find my key.

shoe 나는 내 신발 (한 켤레)를 찾을 수 없다.

⇨ I can't find my shoes.

glove 나는 내 장갑 (한 켤레)를 찾을 수 없다.

⇨ I can't find my gloves.

04 When did you cook it? 언제 너는 그것을 요리했니?

⇨ When did you cook it?

buy 언제 너는 그것을 샀니?

⇨ When did you buy it?

hear 언제 너는 그것을 들었니?

⇨ When did you hear it?

115

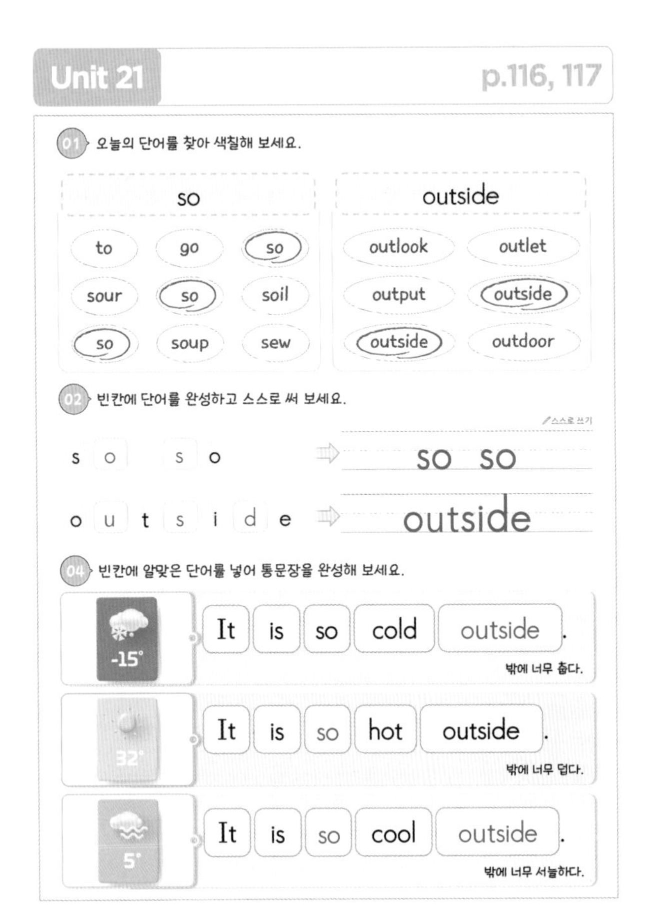

Unit 21 p.116, 117

01 오늘의 단어를 찾아 색칠해 보세요.

so: to, go, (so), sour, (so), soil, (so), soup, sew

outside: outlook, outlet, output, (outside), (outside), outdoor

02 빈칸에 단어를 완성하고 스스로 써 보세요.

스스로 쓰기

s o s o ⇨ so so

o u t s i d e ⇨ outside

04 빈칸에 알맞은 단어를 넣어 통문장을 완성해 보세요.

-15°

It is so cold outside.
밖에 너무 춥다.

32°

It is so hot outside.
밖에 너무 덥다.

5°

It is so cool outside.
밖에 너무 서늘하다.

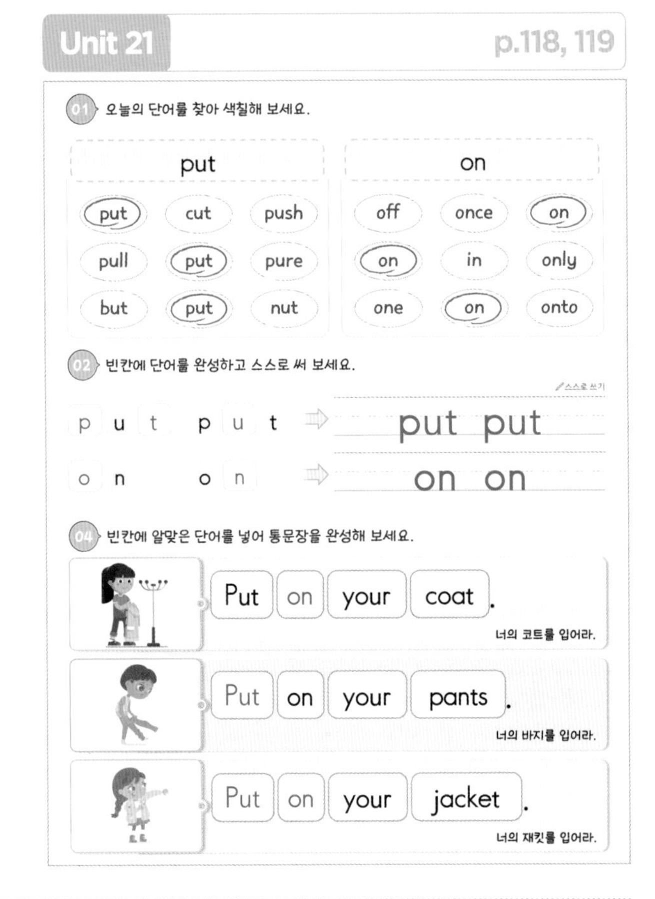

Unit 21 p.118, 119

01 오늘의 단어를 찾아 색칠해 보세요.

put: (put), cut, push, pull, (put), pure, but, (put), nut

on: off, once, (on), (on), in, only, one, (on), onto

02 빈칸에 단어를 완성하고 스스로 써 보세요.

스스로 쓰기

p u t p u t ⇨ put put

o n o n ⇨ on on

04 빈칸에 알맞은 단어를 넣어 통문장을 완성해 보세요.

Put on your coat.
너의 코트를 입어라.

Put on your pants.
너의 바지를 입어라.

Put on your jacket.
너의 재킷을 입어라.

Unit 22 p.120, 121

01 오늘의 단어를 찾아 색칠해 보세요.

get: gene, (get), got, gap, gear, (get), game, pet, (get)

little: (little), litter, live, light, lift, (little), letter, (little), life

02 빈칸에 단어를 완성하고 스스로 써 보세요.

스스로 쓰기

g e t g e t ⇨ get get

l i t t l e ⇨ little little

04 빈칸에 알맞은 단어를 넣어 통문장을 완성해 보세요.

Can I get a little help?
도움을 좀 받아도 되니?

Can I get a little sleep?
잠을 좀 자도 되니?

Can I get a little money?
돈을 좀 받아도 되니?

Unit 22 p.122, 123

01 오늘의 단어를 찾아 색칠해 보세요.

show: short, share, (show), (show), shape, shot, she, (show), shell

first: (first), fine, find, fire, fix, (first), (first), fill, firm

02 빈칸에 단어를 완성하고 스스로 써 보세요.

스스로 쓰기

s h o w s h o w ⇨ show show

f i r s t ⇨ first first

04 빈칸에 알맞은 단어를 넣어 통문장을 완성해 보세요.

Show your photo, first.
먼저, 너의 사진을 보여 줘.

Show your card, first.
먼저, 너의 카드를 보여 줘.

Show your album, first.
먼저, 너의 앨범을 보여 줘.

REVIEW 11 | p.124

REVIEW 11 통문장 연습하기 _ Unit 21 & 22

다음 통문장을 큰소리로 읽으면서 써 보세요.

01 It is so cold outside. 밖에 너무 춥다.
⇨ It is so cold outside.

hot 밖에 너무 덥다.
⇨ It is so hot outside.

cool 밖에 너무 서늘하다.
⇨ It is so cool outside.

02 Put on your coat. 너의 코트를 입어라.
⇨ Put on your coat.

pants 너의 바지를 입어라.
⇨ Put on your pants.

jacket 너의 재킷을 입어라.
⇨ Put on your jacket.

124

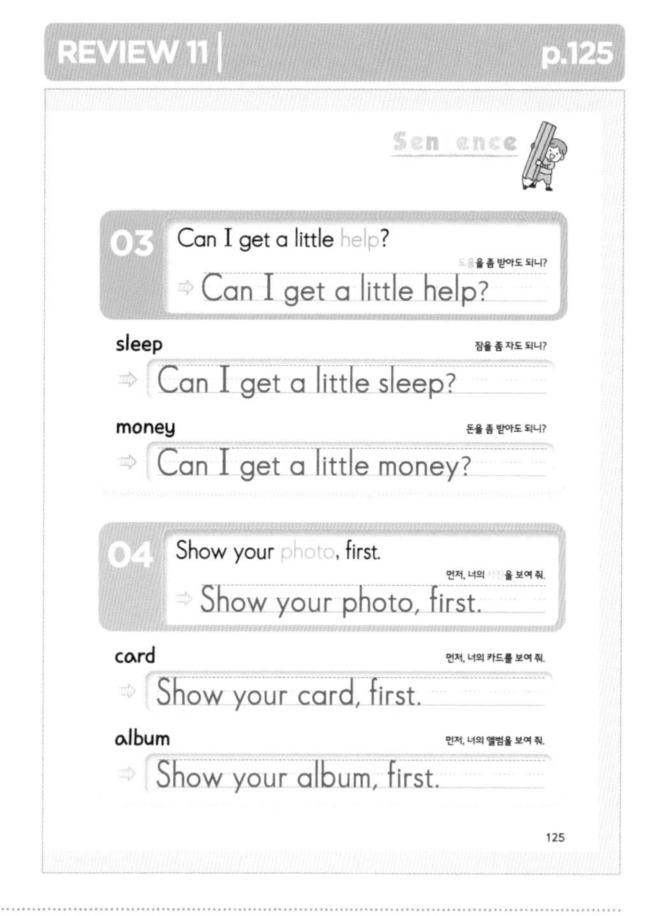

REVIEW 11 | p.125

Sentence

03 Can I get a little help? 도움을 좀 받아도 되니?
⇨ Can I get a little help?

sleep 잠을 좀 자도 되니?
⇨ Can I get a little sleep?

money 돈을 좀 받아도 되니?
⇨ Can I get a little money?

04 Show your photo, first. 먼저, 너의 사진을 보여 줘.
⇨ Show your photo, first.

card 먼저, 너의 카드를 보여 줘.
⇨ Show your card, first.

album 먼저, 너의 앨범을 보여 줘.
⇨ Show your album, first.

125

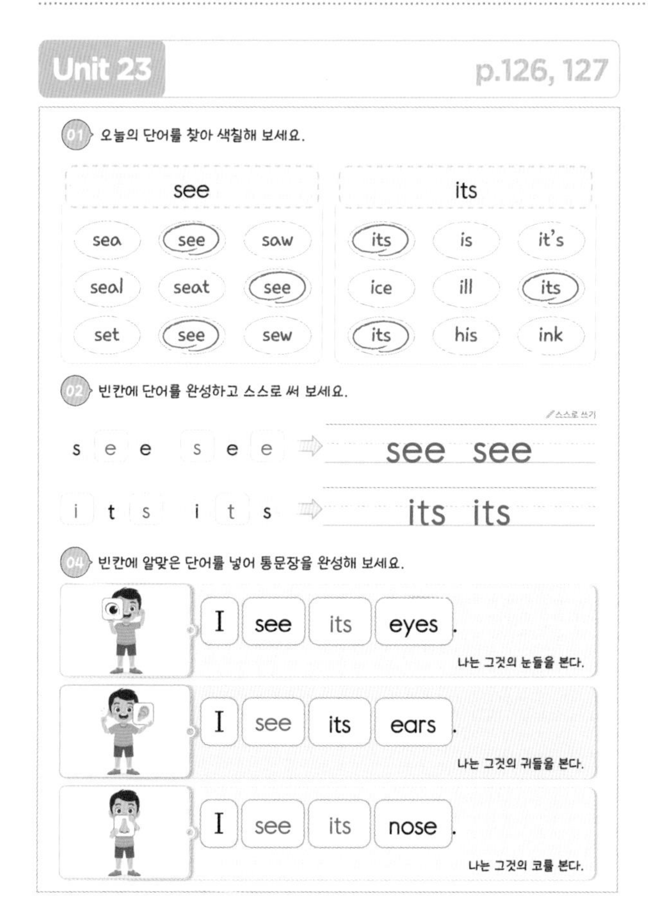

Unit 23 p.126, 127

01 오늘의 단어를 찾아 색칠해 보세요.

see			its		
sea	(see)	saw	(its)	is	it's
seal	seat	(see)	ice	ill	(its)
set	(see)	sew	(its)	his	ink

02 빈칸에 단어를 완성하고 스스로 써 보세요.

스스로 쓰기

s e e s e e ⇨ see see

i t s i t s ⇨ its its

04 빈칸에 알맞은 단어를 넣어 통문장을 완성해 보세요.

I see its eyes. 나는 그것의 눈들을 본다.

I see its ears. 나는 그것의 귀들을 본다.

I see its nose. 나는 그것의 코를 본다.

Unit 23 p.128, 129

01 오늘의 단어를 찾아 색칠해 보세요.

fly			but		
(fly)	fry	flat	bun	(but)	dull
flow	frog	(fly)	(but)	butt	buy
flag	(fly)	flu	burn	due	(but)

02 빈칸에 단어를 완성하고 스스로 써 보세요.

스스로 쓰기

f l y f l y ⇨ fly fly

b u t b u t ⇨ but but

04 빈칸에 알맞은 단어를 넣어 통문장을 완성해 보세요.

She can't fly, but she can swim. 그녀는 날 수 없지만, 그녀는 수영할 수 있다.

It can't fly, but it can walk. 그것은 날 수 없지만, 그것은 걸을 수 있다.

He can't fly, but he can climb. 그는 날 수 없지만, 그는 기어오를 수 있다.

Unit 24 p.130, 131

01 오늘의 단어를 찾아 색칠해 보세요.

only: once, why, (only), off, (only), one, (only), owl, on

live: (live), life, light, little, letter, (live), liver, (live), lives

02 빈칸에 단어를 완성하고 스스로 써 보세요.

o n l y o n l y ⇨ only only

l i v e l i v e ⇨ live live

04 빈칸에 알맞은 단어를 넣어 통문장을 완성해 보세요.

They only live in the river. 그것들은 오직 강에 산다.

They only live in the lake. 그것들은 오직 호수에 산다.

They only live in the mountain. 그것들은 오직 산에 산다.

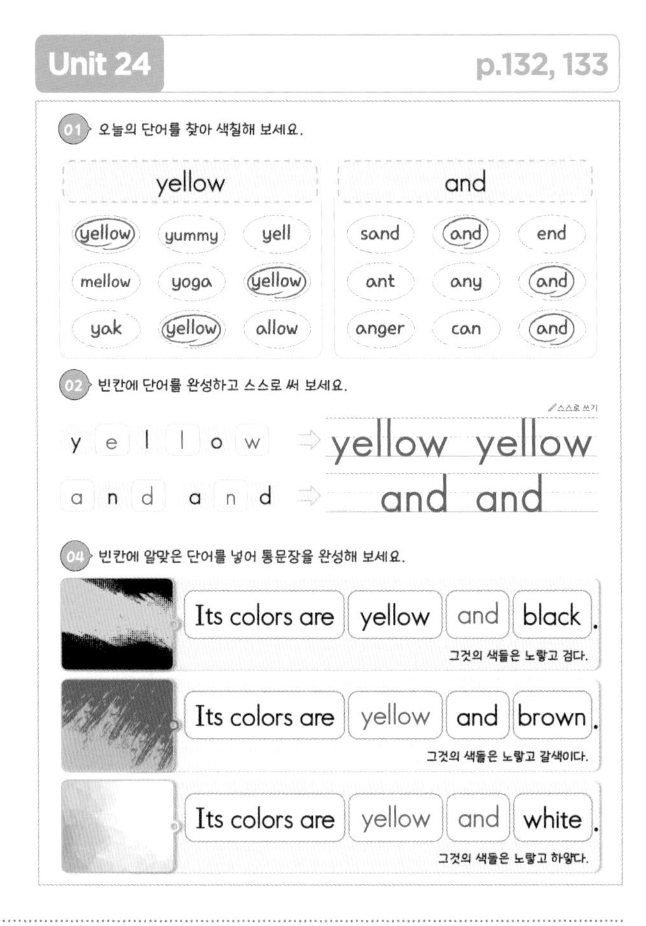

Unit 24 p.132, 133

01 오늘의 단어를 찾아 색칠해 보세요.

yellow: (yellow), yummy, yell, mellow, yoga, (yellow), yak, (yellow), allow

and: sand, (and), end, ant, any, (and), anger, can, (and)

02 빈칸에 단어를 완성하고 스스로 써 보세요.

y e l l o w ⇨ yellow yellow

a n d a n d ⇨ and and

04 빈칸에 알맞은 단어를 넣어 통문장을 완성해 보세요.

Its colors are yellow and black. 그것의 색들은 노랗고 검다.

Its colors are yellow and brown. 그것의 색들은 노랗고 갈색이다.

Its colors are yellow and white. 그것의 색들은 노랗고 하얗다.

REVIEW 12 p.134

REVIEW 12 통문장 연습하기 _ Unit 23 & 24

다음 통문장을 큰소리로 읽으면서 써 보세요.

01 I see its eyes. 나는 그것의 눈들을 본다.
⇨ I see its eyes.

ear 나는 그것의 귀들을 본다.
⇨ I see its ears.

nose 나는 그것의 코를 본다.
⇨ I see its nose.

02 She can't fly, but she can swim. 그녀는 날 수 없지만, 그녀는 수영할 수 있다.
⇨ She can't fly, but she can swim.

walk 그것은 날 수 없지만, 그것은 걸을 수 있다.
⇨ It can't fly, but it can walk.

climb 그는 날 수 없지만, 그는 기어오를 수 있다.
⇨ He can't fly, but he can climb.

134

REVIEW 12 p.135

Sentence

03 They only live in the river. 그것들은 오직 강에 산다.
⇨ They only live in the river.

lake 그것들은 오직 호수에 산다.
⇨ They only live in the lake.

mountain 그것들은 오직 산에 산다.
⇨ They only live in the mountain.

04 Its colors are yellow and black. 그것의 색들은 노랗고 검다.
⇨ Its colors are yellow and black.

brown 그것의 색들은 노랗고 갈색이다.
⇨ Its colors are yellow and brown.

white 그것의 색들은 노랗고 하얗다.
⇨ Its colors are yellow and white.

135

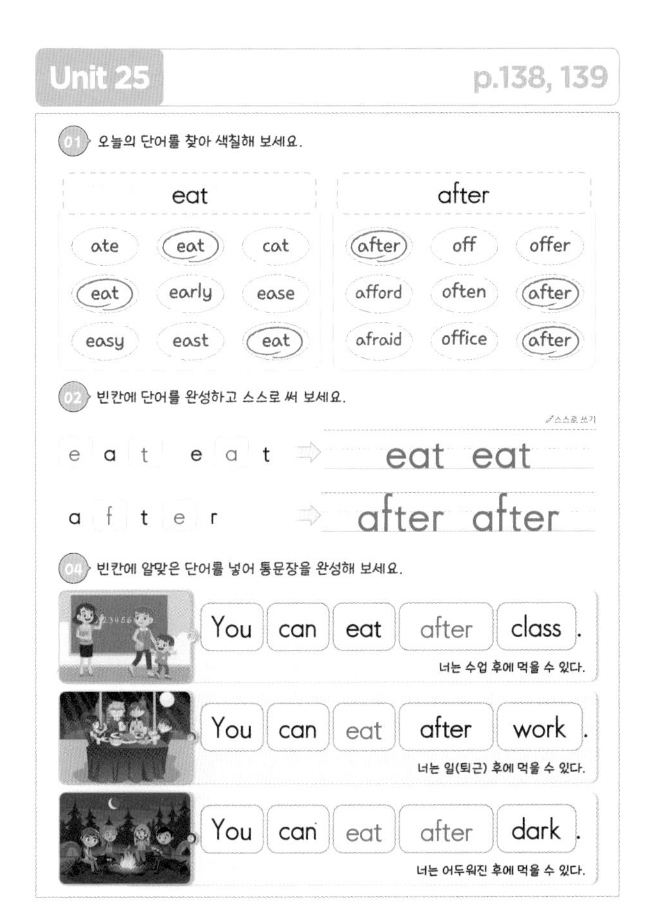

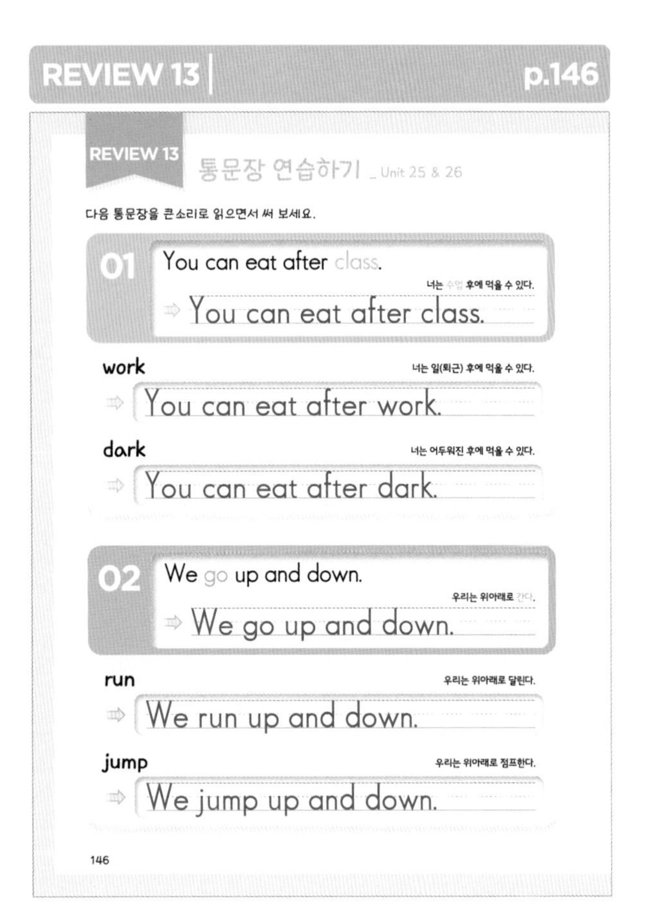
REVIEW 13 | p.146
REVIEW 13
통문장 연습하기 _ Unit 25 & 26
다음 통문장을 큰소리로 읽으면서 써 보세요.
01 You can eat after class.
너는 수업 후에 먹을 수 있다.
You can eat after class.
work
너는 일(퇴근) 후에 먹을 수 있다.
You can eat after work.
dark
너는 어두워진 후에 먹을 수 있다.
You can eat after dark.
02 We go up and down.
우리는 위아래로 간다.
We go up and down.
run
우리는 위아래로 달린다.
We run up and down.
jump
우리는 위아래로 점프한다.
We jump up and down.
146

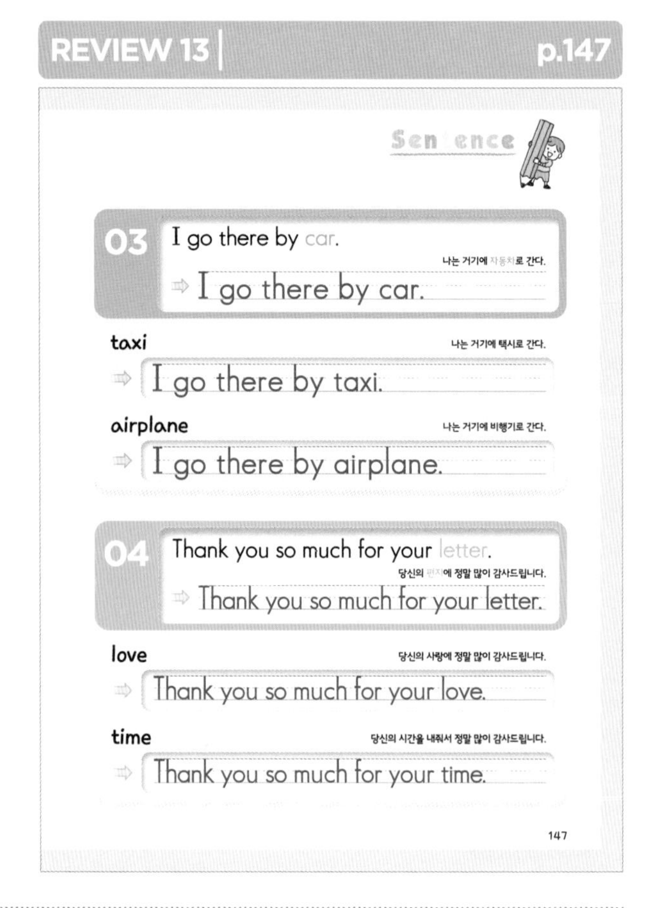
REVIEW 13 | p.147
03 I go there by car.
나는 거기에 자동차로 간다.
I go there by car.
taxi
나는 거기에 택시로 간다.
I go there by taxi.
airplane
나는 거기에 비행기로 간다.
I go there by airplane.
04 Thank you so much for your letter.
당신의 편지에 정말 많이 감사드립니다.
Thank you so much for your letter.
love
당신의 사랑에 정말 많이 감사드립니다.
Thank you so much for your love.
time
당신의 시간을 내줘서 정말 많이 감사드립니다.
Thank you so much for your time.
147

Unit 27 p.148, 149
01 오늘의 단어를 찾아 색칠해 보세요.
take
make take took
take tame talk
task tall take
warm
warm arms worm
warn work warm
warm word wore
02 빈칸에 단어를 완성하고 스스로 써 보세요.
스스로 쓰기
t a k e t a k e take take
w a r m w a r m warm warm
04 빈칸에 알맞은 단어를 넣어 통문장을 완성해 보세요.
Take your warm socks.
너의 따뜻한 양말 (한 켤레)를 가지고 가라.
Take your warm boots.
너의 따뜻한 부츠 (한 켤레)를 가지고 가라.
Take your warm scarf.
너의 따뜻한 목도리를 가지고 가라.

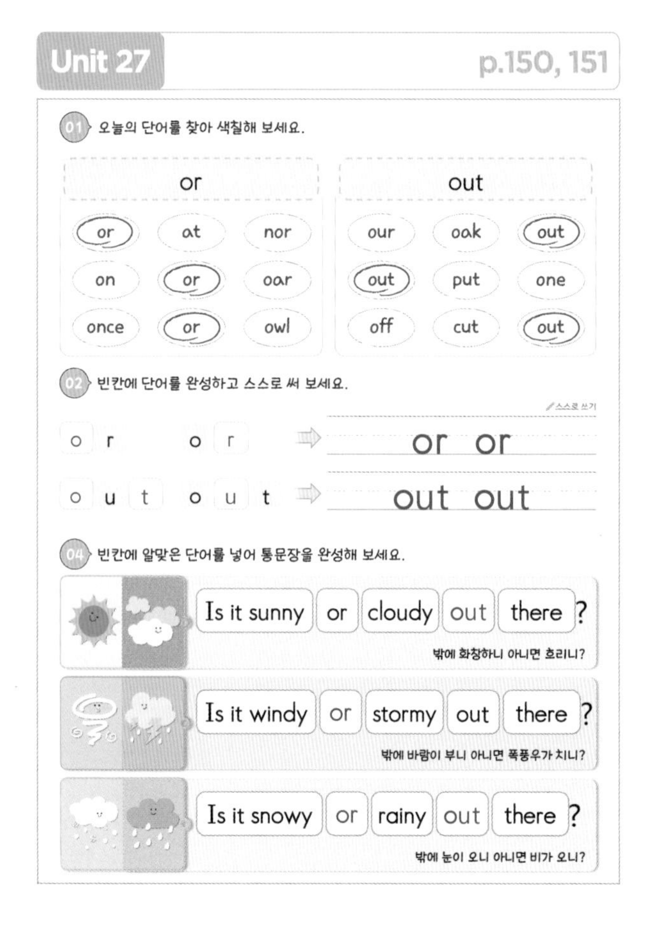
Unit 27 p.150, 151
01 오늘의 단어를 찾아 색칠해 보세요.
or
or at nor
on or oar
once or owl
out
our oak out
out put one
off cut out
02 빈칸에 단어를 완성하고 스스로 써 보세요.
스스로 쓰기
o r o r or or
o u t o u t out out
04 빈칸에 알맞은 단어를 넣어 통문장을 완성해 보세요.
Is it sunny or cloudy out there?
밖에 화창하니 아니면 흐리니?
Is it windy or stormy out there?
밖에 바람이 부니 아니면 폭풍우가 치니?
Is it snowy or rainy out there?
밖에 눈이 오니 아니면 비가 오니?

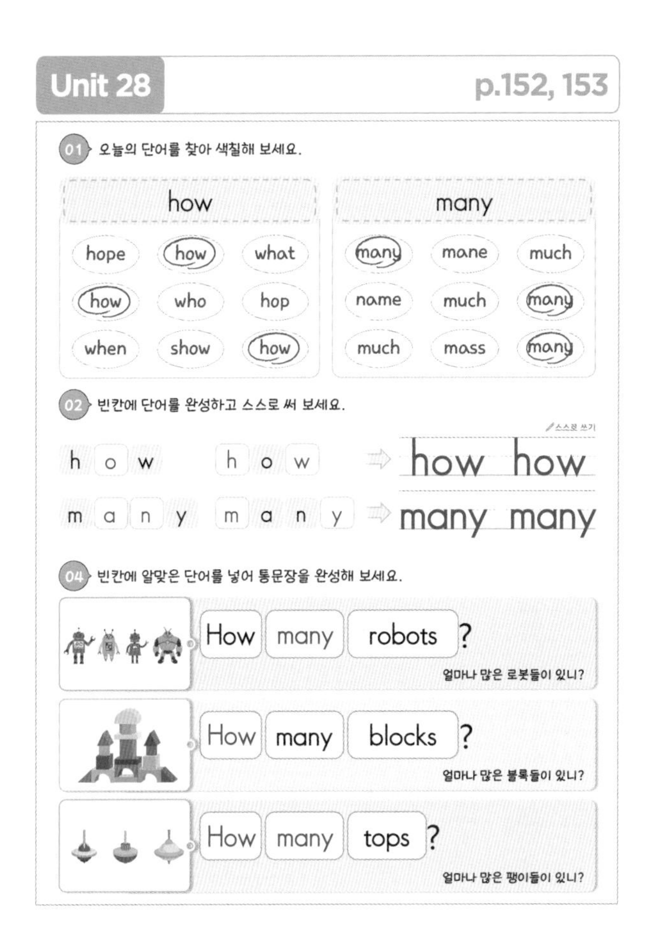

Unit 28 p.152, 153

01 오늘의 단어를 찾아 색칠해 보세요.

how: hope, (how), what, (how), who, hop, when, show, (how)

many: (many), mane, much, name, much, (many), much, mass, (many)

02 빈칸에 단어를 완성하고 스스로 써 보세요.

h o w h o w ⇨ how how

m a n y m a n y ⇨ many many

04 빈칸에 알맞은 단어를 넣어 통문장을 완성해 보세요.

How many robots? 얼마나 많은 로봇들이 있니?

How many blocks? 얼마나 많은 블록들이 있니?

How many tops? 얼마나 많은 팽이들이 있니?

Unit 28 p.154, 155

01 오늘의 단어를 찾아 색칠해 보세요.

which: when, (which), what, where, who, when, (which), (which), (which)

best: (best), bear, beat, dear, bare, (best), (best), beef, better

02 빈칸에 단어를 완성하고 스스로 써 보세요.

w h i c h ⇨ which

b e s t b e s t ⇨ best best

04 빈칸에 알맞은 단어를 넣어 통문장을 완성해 보세요.

Which season do you like best? 너는 어떤 계절을 가장 좋아하니?

Which fruit do you like best? 너는 어떤 과일을 가장 좋아하니?

Which color do you like best? 너는 어떤 색을 가장 좋아하니?

REVIEW 14 p.156

REVIEW 14 통문장 연습하기 _ Unit 27 & 28

다음 통문장을 큰소리로 읽으면서 써 보세요.

01 Take your warm socks. 너의 따뜻한 양말 (한 켤레)를 가지고 가라.
⇨ Take your warm socks.

boot 너의 따뜻한 부츠 (한 켤레)를 가지고 가라.
⇨ Take your warm boots.

scarf 너의 따뜻한 목도리를 가지고 가라.
⇨ Take your warm scarf.

02 Is it sunny or cloudy out there? 밖에 화창하니 아니면 흐리니?
⇨ Is it sunny or cloudy out there?

windy / stormy 밖에 바람이 부니 아니면 폭풍우가 치니?
⇨ Is it windy or stormy out there?

snowy / rainy 밖에 눈이 오니 아니면 비가 오니?
⇨ Is it snowy or rainy out there?

156

REVIEW 14 p.157

Sentence

03 How many robots? 얼마나 많은 로봇들이 있니?
⇨ How many robots?

block 얼마나 많은 블록들이 있니?
⇨ How many blocks?

top 얼마나 많은 팽이들이 있니?
⇨ How many tops?

04 Which season do you like best? 어떤 계절을 가장 좋아하니?
⇨ Which season do you like best?

fruit 어떤 과일을 가장 좋아하니?
⇨ Which fruit do you like best?

color 어떤 색을 가장 좋아하니?
⇨ Which color do you like best?

157

Unit 29 p.158, 159

01 오늘의 단어를 찾아 색칠해 보세요.

may			use		
(may)	mess	math	up	user	(use)
meet	male	(may)	(use)	(use)	used
mass	mean	merry	(use)	usage	us

02 빈칸에 단어를 완성하고 스스로 써 보세요.

스스로 쓰기

m a y m a y ⇨ may may

u s e u s e ⇨ use use

04 빈칸에 알맞은 단어를 넣어 통문장을 완성해 보세요.

May I use your pen? 너의 펜을 사용해도 되니?

May I use your phone? 너의 전화기를 사용해도 되니?

May I use your computer? 너의 컴퓨터를 사용해도 되니?

Unit 29 p.160, 161

01 오늘의 단어를 찾아 색칠해 보세요.

think			ate		
(think)	them	there	(ate)	attic	cat
that	(think)	this	at	eat	(ate)
(think)	then	the	(ate)	east	pat

02 빈칸에 단어를 완성하고 스스로 써 보세요.

스스로 쓰기

t h i n k ⇨ think think

a t e a t e ⇨ ate ate

04 빈칸에 알맞은 단어를 넣어 통문장을 완성해 보세요.

I think he ate ice cream. 나는 그가 아이스크림을 먹었다고 생각한다.

I think he ate cake. 나는 그가 케이크를 먹었다고 생각한다.

I think he ate chocolate. 나는 그가 초콜릿을 먹었다고 생각한다.

Unit 30 p.162, 163

01 오늘의 단어를 찾아 색칠해 보세요.

pick			fall		
(pick)	piece	pitch	fell	fast	(fall)
pipe	play	(pick)	(fall)	fair	tall
pig	(pick)	pilot	fail	(fall)	false

02 빈칸에 단어를 완성하고 스스로 써 보세요.

스스로 쓰기

p i c k p i c k ⇨ pick pick

f a l l f a l l ⇨ fall fall

04 빈칸에 알맞은 단어를 넣어 통문장을 완성해 보세요.

I pick apples in fall. 나는 가을에 사과들을 딴다.

I pick grapes in fall. 나는 가을에 포도들을 딴다.

I pick pears in fall. 나는 가을에 배들을 딴다.

Unit 30 p.164, 165

01 오늘의 단어를 찾아 색칠해 보세요.

went			around	
(went)	well	wear	(around)	round
were	weak	(went)	area	(around)
when	(went)	way	arrive	rough

02 빈칸에 단어를 완성하고 스스로 써 보세요.

스스로 쓰기

w e n t w e n t ⇨ went went

a r o u n d ⇨ around

04 빈칸에 알맞은 단어를 넣어 통문장을 완성해 보세요.

She went around the park. 그녀는 공원을 돌아다녔다.

She went around the hill. 그녀는 언덕을 돌아다녔다.

She went around the beach. 그녀는 해변을 돌아다녔다.

REVIEW 15 | p.166

REVIEW 15 통문장 연습하기 _ Unit 29 & 30

다음 통문장을 큰소리로 읽으면서 써 보세요.

01 May I use your pen?
너의 펜을 사용해도 되니?
⇒ May I use your pen?

phone
너의 전화기를 사용해도 되니?
⇒ May I use your phone?

computer
너의 컴퓨터를 사용해도 되니?
⇒ May I use your computer?

02 I think he ate ice cream.
나는 그가 아이스크림을 먹었다고 생각한다.
⇒ I think he ate ice cream.

cake
나는 그가 케이크을 먹었다고 생각한다.
⇒ I think he ate cake.

chocolate
나는 그가 초콜릿을 먹었다고 생각한다.
⇒ I think he ate chocolate.

166

REVIEW 15 | p.167

Sen ence

03 I pick apples in fall.
나는 가을에 사과들을 딴다.
⇒ I pick apples in fall.

grape
나는 가을에 포도들을 딴다.
⇒ I pick grapes in fall.

pear
나는 가을에 배들을 딴다.
⇒ I pick pears in fall.

04 She went around the park.
그녀는 공원을 돌아다녔다.
⇒ She went around the park.

hill
그녀는 언덕을 돌아다녔다.
⇒ She went around the hill.

beach
그녀는 해변을 돌아다녔다.
⇒ She went around the beach.

167

'공부 습관'이야말로 가장 큰 재능입니다.
재능많은영어연구소는 최고의 학습 효과를 내는
최적의 학습 플랜을 고민합니다.

소장 윤미영

경희대학교 영문학과와 같은 대학에서 석사학위를 받았습니다. 20여 년 동안 지학사, 디딤돌, 키 영어학습방법연구소, 롱테일 교육연구소에서 초등생과 중고생을 위한 영어 교재를 기획하고 만드는 일을 해 왔습니다. 베스트셀러인《문법이 쓰기다》,《단어가 읽기다》,《구문이 독해다》, 혼공 시리즈《혼공 초등 영단어》,《혼공 초등 영문법》, 바빠시리즈의《바빠 초등 필수 영단어》등을 집필했습니다.

초등영어 읽기독립 사이트 워드

1판 1쇄 발행일 2024년 5월 13일

지은이 재능많은영어연구소

발행인 김학원
발행처 휴먼어린이
출판등록 제313-2006-000161호(2006년 7월 31일)
주소 (03991) 서울시 마포구 동교로23길 76(연남동)
전화 02-335-4422 **팩스** 02-334-3427
저자·독자 서비스 humanist@humanistbooks.com
홈페이지 www.humanistbooks.com
유튜브 youtube.com/user/humanistma **포스트** post.naver.com/hmcv
페이스북 facebook.com/hmcv2001 **인스타그램** @human_kids

편집주간 황서현 **편집** 이수정 **원어민 검토** Sherwood Choe
표지 디자인 유주현 **본문 디자인** PRISM C **음원 제작** 109Sound
용지 화인페이퍼 **인쇄** 삼조인쇄 **제본** 해피문화사

ISBN 978-89-6591-579-9 64740
ISBN 978-89-6591-576-8 64740(세트)